KB040018

파워풀
이재명

파워풀 이재명

초판 1쇄 인쇄 2021년 7월 12일
초판 1쇄 발행 2021년 7월 19일

지 은 이 엄광용
펴 낸 이 정해종
편   집 현종희
디 자 인 유혜현

펴낸곳 ㈜파람북
출판등록 2018년 4월 30일 제2018-000126호
주소 서울특별시 마포구 토정로 222 한국출판콘텐츠센터 303호
전자우편 info@parambook.co.kr **인스타그램** @param.book
페이스북 www.facebook.com/parambook
네이버 포스트 m.post.naver.com/parambook
대표전화 (편집) 02-2038-2633 (마케팅) 070-4353-0561

ISBN 979-11-90052-74-0 03340
책값은 뒤표지에 있습니다.

파워풀
이재명

사람 중심, 통찰과 진취의 리더십

엄광용 지음

파람북

문학과 역사의 눈으로 본 이재명의 진면목

저는 소설을 쓰면서 뒤늦게 역사학을 전공해 역사와 관련한 저술 활동도 하는 작가입니다. 정치학을 전공한 사람도 아니면서 정치인의 이야기를 쓰는 것을 의아스럽게 여기는 분들도 있겠으나, 이 글을 쓰면서 저 나름대로 객관적인 시각으로 한 인물의 진솔한 면을 들여다보는 소중한 경험을 했습니다.

중국 북송 시대의 시인 소동파(蘇東坡)의 '여산진면목(廬山眞面目)'이라는 칠언절구가 있습니다. 평소 저는 이 한시를 즐겨 읽고, 다른 사람에게도 소개하곤 합니다.

橫看成嶺側成峰 (횡간성령측성봉)

遠近高低各不同 (원근고저각부동)

不識廬山眞面目 (불식여산진면목)

只緣身在此山中 (지연신재차산중)

가로로 보면 산능선 옆으로 보면 봉우리

멀고 가깝고 높고 낮음이 제각기 다르니

정녕코 여산의 참모습을 알지 못하겠네

그것은 이 몸이 산중에 있기 때문이네

여산의 참 모습을 보려면 산중에 있는 것보다 좀 더 멀리 떨어져서 볼 필요가 있다는 내용의 시입니다.

'이재명의 진면목'을 보려면, 정치와 관련한 일에 종사하는 사람보다 그와는 좀 거리가 있는 직업을 가진 사람의 눈이 더 정확하다고 저는 생각합니다. 저는 문학과 역사의 눈으로 이재명의 억압된 내면 풍경과 그 힘이 외부로 분출되면서 어떤 반향을 일으키는지를 꼼꼼하게, 객관성을 가지고 살펴보려고 노력했습니다.

저는 4년여 전에, 성남시장을 하던 당시의 이재명을 열 번 가까이 만나 인터뷰한 경험이 있습니다. 당시 책을 기획하기 위한 목적으로 만난 것인데, 한 회에 두 시간씩 그의 살아온 이야기와 인생관, 그리고 특히 남다른 신념의 정치철학 등을 육성으로 접할 수 있었습니다. 참으로 소중한 시간이었고, 인간적인 측면에서 감동의 프리즘이 여러

각도에서 발산되어 제게 밀려오는 독특한 느낌이 지금도 생생하게 되살아납니다.

저는 직업상 다양한 사람들을 만나 많은 인터뷰를 한 경험이 있습니다. 그러나 이재명처럼 질문에 대한 답이 준비되어 있는 인터뷰 대상을 만나는 것은 참으로 드문 일이었습니다. 그는 질문을 한 번 던지면 기·승·전·결로 이야기를 엮어 답변을 함으로써 더 이상 그 부문에 대하여 추가 질문을 던질 필요가 없게 만들었습니다. 그만큼 질문에 담긴 제 의도를 순발력 있고 정확하게 파악했고, 답변을 하면서도 순간순간 논리적으로 직조해내는 능력이 탁월해 보였습니다. 그만큼 머리가 좋고, 해당 분야에 대한 해박한 지식을 갖고 있었던 것입니다.

이재명 인터뷰를 한 후 4년여의 세월이 흐르는 동안 저는 그가 대통령 후보 경선 프로에 출연해 토론하는 것도 보았고, 지자체단체장으로서 국회에 참고인으로 나가 국회의원들의 날카로운 질문에 당당하게 답변하는 것을 텔레비전 화면을 통해 접했습니다. 그런 시간들도 제가 문학과 역사의 눈으로 이재명을 객관화시켜 볼 좋은 기회였습니다.

경기도지사로서 도정에 심혈을 기울이던 이재명은 이제 다시 대권 도전에 나섰습니다. 어느 사이에 이미 그는 스스로 '대통령의 꿈'을 키우는 거대한 산으로 우뚝 솟아 있었습니다. 원래 산이 높으면 안개가 허리에서 놀고, 오락가락하는 먹구름이 걸리고, 중턱의 아름드리 나무들을 향해 천둥번개가 달려들게 되어 있습니다. 경기도지사가 된 직후부터 이재명은 법정투쟁을 해야만 했습니다. 그가 점점 큰 산으로 모습을 바꾸어 가는 것을 경계하던 무리가 많아, 온갖 혐의를 걸어 고소하는 사태가 벌어졌던 것입니다. 특히 검찰은 증거도 제대로 확보되지 않은 건을 가지고 기소를 감행하면서까지 그를 압박했습니다.

그것은 약자의 편에 선 사람에 대한 기득권 세력들의 무차별적 공격이었습니다. 이재명의 재판과 관련한 내용이 연일 신문에 대서특필되고, 텔레비전에 비중 있는 보도로 방영되는 것을 보고 저는 은근히 화가 나기 시작했습니다. 오래도록 제 가슴 밑바닥에 가라앉혀두고 있던 분개가 수면 위로 떠오르기 시작할 바로 그 순간, 저는 이재명을 인터뷰할 때 그가 강조한 '억강부약(抑强扶弱)'이란 사자성어를 떠올렸습니다. 그래서 저는 이 글을 쓰게 된 것입니다. 제가 가지고 있는 무기는 칼이 아닌, 문학과 역사라는 '펜의 양날'이므로, 그것으로 대다수 기득권 세력들의 거짓으로 일관된 말과 오만무례한 엄포를 상쇄시키는 데 미력하나마 도움이 될까 싶었던 것입니다. 기득권 세력들이 전방위적으로 그를 향해 공격의 화살을 퍼부어대고 있을 때, 제가 약자 위치에 있는 이재명을 도와야 하지 않겠느냐는 생각이었습니다.

저는 4년여 전 이재명 인터뷰를 하면서 그의 내면세계에 자리 잡은 억압된 정서가 바로 인생 저 밑바닥으로부터 그를 일으켜 세우는 큰 힘이 되고 있다는 걸 알았습니다. 그래서 저는 먼저 그 힘을 가시적인 주제로 끌어올려 글의 콘텐츠로 삼기로 했습니다. 즉 판단력·인내력·추진력·성취력·예지력 다섯 주제를 가려내 그가 '대통령의 꿈'을 키워 낸 리더십의 조건으로 도출해 낼 수 있었던 것입니다.

이와 같은 '이재명의 파워 리더십'은, 그가 재선으로 임기를 마친 성남시장과 현재 임기 중인 경기도지사 등 지방자치단체장으로서 펼친 정치행정 곳곳에서 눈부신 성과를 드러냈습니다. 이른바 '풀뿌리 민주주의'라는 지방자치의 현장에서 실무 경험으로 정치 노하우를 익힌 그는 이제 '대통령의 꿈'을 실현하기 위해 대선후보로 나섰습니다.

대한민국의 미래는, 한편으로는 어두우면서도 다른 한편으로는 매우 밝습니다. 어두운 것은 세계열강들의 이전투구로 인한 남북분단의 현실이고, 밝은 것은 제4차 산업이라고 하는 'IT혁명'을 대한민국이 주도해 나갈 수 있다는 것입니다.

오래전에 입적한 대한민국 근대사의 대표적인 선지식, 경봉 선사는 "야반삼경에 대문 빗장을 만져 보거라" 하고 외친 임종게(臨終偈)로 큰 깨달음을 주었습니다. 너무 알쏭달쏭하여 그것을 해석하는 사람마다 천차만별로 의미가 달라질 수 있습니다만, 저는 대한민국이 캄캄한 밤중에 대문 빗장을 풀고 바야흐로 세상의 아침을 열었으면

파워풀 이재명

하는 마음으로 읽었습니다. '세상의 아침을 여는 이재명의 힘'이 미래를 이끌어가는 대통령의 강력한 리더십으로 발휘되어 그런 밝은 세상을 열어갔으면 좋겠습니다. 이 책의 초고를 읽고 출간하기까지 노고를 아끼지 않으신 정해종 대표와 편집부 여러분께 감사드립니다.

2021년 7월

엄광용

차례 ———◯

프롤로그

국민은 이런 대통령을 원한다

1945년 해방 이후의 한국 역사는 한마디로 '격동기'였다. 길지도 않는 70여 년의 세월 동안 참으로 많은 사건이 격랑처럼 한반도에 휘몰아쳤다. 대한민국이라는 배 위에는 국민들이 타고 있었고, 역대 대통령들은 선장 역할을 맡았다. 안전하게 배를 운항하며 국민들의 마음을 편하게 해주었던 선장은 거의 없었다. 권력욕이 강해 장기집권을 했던 한 대통령은 가까운 수하의 총격을 받아 끝내 비참한 운명을 맞았고, 개인적 욕망이 강했던 몇몇 대통령은 또 감옥살이를 했다. 1980년대 말이 되어서야 독재 권력과 군부 정권이 종식되고 비로소 민주화의 시대를 맞이했다. 그러나 민주화 시대에도 여전히 격랑의 물결은 굽이쳐 진보와 보수로 갈라진 국민 분열의 혼란은 대통령들로 하여금 순조롭게 배를 운항하게 하는 데 큰 걸림돌로 작용하였다.

역대 대통령들이 겪어온 불행을 되짚어보면 과연 국민들이 어떤 리더십을 가진 지도자를 염원하는지 파악하기 어렵지 않다.

첫째, 국민은 권위적인 대통령이 아닌 인간적으로 친근한 서민적인 대통령을 원한다.

'칼로 일어서면 칼로 망한다'는 말처럼 국민을 총칼로 위협해 쿠데타로 정권을 장악했던 역대 대통령들의 말로는 불행하였다. 군부정권의 오랜 독재정치는 국민을 매우 피로하게 만들었다. 그런 공포 정치는 국민들의 얼굴에서 웃음을 앗아갔다.

둘째, 국민의 생명을 최우선으로 하는 대통령을 원한다.

해방 이후 남북분단으로 인해 많은 국민들이 생명의 위협을 받았다. 특히 6 · 25 전쟁과 좌우익의 대립으로 억울한 인명 피해가 속출했으며, 정권유지를 위하여 용공조작으로 죄를 물어 민주주의 열사들이 희생된 사건도 그 수를 헤아리기 어려울 정도였다. 다시는 이런 불행한 일이 반복되어서는 안 된다.

셋째, 분배의 원칙이 제대로 지켜져 공정하고 불편부당한 정책을 펴는 대통령을 원한다.

대한민국 정부 수립 이후 지금까지 고질이 된 병폐가 '정경유착'이다. 정치인과 재벌은 서로 돕고 도와주는 관계로 정치와 경제를 이끌어왔고, 그런 밀착적인 구조가 70여 년 동안 이어져 오면서 기득권 세력은 더욱 강화되었다. 이제는 세계 10위권에 드는 경제 강국이 되었지만, 빈익빈 부익부 현상으로 대한민국은 심각한 위기에 처해 있다. 10%의 기득권 세력과 90%의 가난한 서민층으로 분리되어 그 부(富)의 격차는 날로 심화되어 가고 있는 실정이다. 이는 반드시 민주주의 사회에서 정치력으로 극복해야 할 지극히 모순된 자본주의의 병폐다. 썩은 암 덩어리는 대수술을 해서라도 도려내야 생살이 돋는다.

넷째, 정치인들 본인은 물론이거니와 친인척 비리를 척결하는 데 앞장서는 대통령을 원한다.

날이 갈수록 공공의 영역이 사회병폐의 표본, 적폐의 온상이 되고 있다. 정치뿐만 아니라 공무원, 공기업 등 각 분야에서 관련자의 취업비리, 부동산 비리, 친인척 비리가 속출한다. 썩은 정치의 결과다. 원래 부패는 전염성이 강해 나라 한 귀퉁이에서 썩는 냄새가 나기 시작하면, 이내 나라 전체가 위기에 처할 정도로 확산되어 나간다. 작은 암 덩어리일 때 환부를 과감하게 도려내야 전염을 방지할 수 있으므로, 대통령은 '정치력'이라는 메스로 비리 척결에 앞장서야 한다.

다섯째, 보수와 진보로 나누어진 국민 분열을 극복하는 혜안을 가진 지혜로운 대통령을 원한다.

통일 이후 남북 분단으로 인한 우파와 좌파의 대립은 경제성장과 더불어 보수와 진보로 변모하면서 우리 민족의 아킬레스건으로 작용하고 있다. 남한에서는 엄밀하게 말하면 중도보수가 대부분을 차지하고, 극우파와 극좌파는 아주 미미한 수준이다. 그런데도 선거철만 되면 정치인들은 의도적으로 좌우파의 대립을 격화시켜 표를 나누어 갖는 습성이 있다. 과감한 정책으로 이와 같은 국민 분열을 막을 수 있어야만 대한민국의 미래에 푸른 신호등이 켜질 수 있다.

여섯째, 친일파 세력을 청산하는데 심혈을 기울이는 대통령을 원한다.

해방 이후 대한민국은 친일파를 청산한 것이 아니라 오히려 그들을 각 분야의 주도 세력으로 내세워 좌파 척결에 나섰다. 당시 미군정의 도움 아래 초대 대통령 이승만이 정권을 잡기 위해 저지른 패악이다. 정치권과 군부를 비롯하여 검경, 공무원, 재계, 교육계 등등 사회 각 분야에 걸쳐 일제 앞잡이들이 기득권을 행세해 현재까지 쇠망치로 두드려도 깨지지 않을 탄탄한 세력기반을 형성하고 있다. 늦었지만 그래도 반드시 척결해야 할 대상은 친일파 기득권 세력이다.

일곱째, 국민과 소통하는 대통령을 원한다.

물이 흐르지 않고 웅덩이에 고이면 썩듯이, 소통이 되지 않는 사회는 벽 없는 감옥과도 같아 온갖 오해와 불만이 쌓이는 결과를 낳는다. 대통령이 청와대를 구중궁궐로 만들면, 그 나라는 발전도 희망도 기대할 수 없다. 이제까지 국민과 소통하지 않고 무소불위의 권력을 휘

둘러 불행하게 된 대통령이 많다. 민주주의 사회에서 소통은 정치의 청정에너지와도 같다. 국민과 소통하는 대통령이 나와 고질적인 구태와 적폐 정치를 청산하고 화해와 평화의 길로 나가야만 한다.

여덟째, 남북대화 재개로 민족의 동질성을 회복해 통일의 하이웨이를 닦는 대통령을 원한다.

남북대화 문제는 보수와 진보 진영으로 서로 엇바꿔 정권이 교체될 때마다 정체성 문제의 혼란을 일으켜 좀체 발전지향적인 단계로 나가지 못하고 있다. 여기에는 한반도를 둘러싼 세계열강 각 나라의 이해관계가 복잡하게 얽혀 있는 데 근본 문제가 있고, 북핵 문제가 늘 협상의 도마 위에 올라오며 뜻하지 않은 돌발 사고를 발생시키곤 한다. 남북 관계의 화해 무드는 세계열강 어느 나라든 자국의 이해득실을 따지는 관계로 절대 원하지 않는다. 이제라도 우리 민족은 이질성을 극복하여 통일의지를 더욱 확고히 해야만 한다. 알렉산드로스가 아시아 정복에 나설 때 아시아의 왕이 되려면 '고르디우스의 매듭'을 풀어야 한다는 신화적인 이야기를 듣고 수레바퀴에 얽힌 밧줄을 한칼에 잘라버린 뒤 출정했듯이, 남북통일의 잠긴 문을 여는 지혜의 열쇠를 가진 대통령이 필요하다. 당장의 통일은 어려운 게 사실이다. 그러나 개성공단의 재개, 남북철도의 연결을 통한 인적 교류의 물꼬부터 트는 것이 순서다.

아홉째, 제4차 산업혁명 시대에 대한민국을 IT강국으로 이끌어 경제혁명을 주도해나갈 수 있는 대통령을 원한다.

대한민국은 한반도의 좁은 국토를 가지고 있어 농지뿐만 아니라 지하자원도 부족해 경제부흥을 일으키기 어려운 조건이었다. 따라서 재료를 수입해 제품을 만들어 수출하는 공업국으로 일약 대전환을 시도함으로써 세계 10위권의 경제 강국이 되었다. 이제는 국토가 좁은 것을 장점으로 활용하여 통신망의 발전을 가져와 IT강국으로 일어설 수 있는 기반을 마련하는 정책을 펼치는 대통령이 나와, 대한민국의 새로운 세상을 열어갈 수 있어야 한다.

열째, 세계열강들과 굴욕적 외교를 펼치지 않고 당당하게 대등관계의 외교를 해나갈 수 있는 대통령을 원한다.

이제 대한민국은 세계 10위권의 경제 강국이 되었다. 나라는 오직 한반도의 작은 영토를 차지하고 있지만, 경제 영토는 전 세계로 뻗어나가 각 나라의 내로라하는 국제도시에서 국내 기업들의 제품 광고판이 도시 한복판을 장악하고 있다. 이에 따라 경제 분야에서는 대등외교를 펼칠 수 있으나, 유독 미국에게만은 정치·군사적으로 저자세를 취할 수밖에 없는 것이 현실이다. 이젠 미국과도 당당하게 대등한 외교를 펼치는 배짱을 가진 대통령이 나와야 한다.

제1장

판단력

정치적 판단력의 기준은 오직 '국민'뿐

정치의 근본은 국민이 무엇을 원하는지 빠르게 판단하고, 총력을 기울여 그것을 실행하는 데 있다. 강력한 리더십을 가진 정치인은 국민이 원하는 걸 족집게처럼 찾아내 궁구하고 실천하는 능력의 소유자다. 경기도지사 이재명은 정치 현안을 놓고 빠른 판단력으로 날카로운 비판과 지적을 가하고, 그로 인한 잘못을 즉각 고치기 위해 실제 행정을 전격적으로 펼쳐 나가는 대표적인 지방자치단체장이다.

정치를 하는 데 있어서 빠른 판단력은 어디에서 비롯되는 것일까? 그것은 바로 어떤 정치적 문제가 발생했을 때 국민들의 애환이 어떤지 뼈저리게 느끼는, 그야말로 정교하고 치밀한 감응 능력에서 나온다. 이재명은 가슴 저 밑바닥에 그런 추체험이 저장되어 있어 누구보다 빠른 판단력을 갖고 있는 사람이다. 집안이 너무 가난해 춥고 배고

팠던 유년 시절의 체험이 서민들의 아픔을 느끼게 하는 동질성으로 작용하여 정치적 판단의 기준이 되고 있는 것이다.

대한민국 정치사를 보면 국민보다 자기 자신을 포함한 지지 세력들을 위해 정치를 한 사람들이 너무 많다. 그들에게 있어서 국민은 자기네 편을 지지하는 일부 세력들로 한정되어 있으므로, 파벌싸움으로 인한 반쪽 정치를 할 수밖에 없다. 자신의 지지파를 위해 정책을 펴서 이익을 몰아주고, 그런 부당한 혜택으로 부를 거머쥐는 기득권 세력들이 있다. 하물며 정치인들 스스로도 거기에 편승하여 부를 축적하고, 지속적으로 권력을 누리며 꿩 먹고 알 먹는 실속파들이 많다. 정경유착의 고질병 환자들이 바로 그들이다. 오늘날에 이르러서 보면 빈익빈 부익부의 현상이 더욱 심해져 국민의 90%가 가난한 살림에서 벗어나기 어려운 실정이 되었다. 결국 국가의 부를 일부 10%의 기득권 세력에게 몰아준 것이 한국 정치의 현주소라 해도 과언이 아니다.

해방 이후 대한민국 건국과 함께 시작된 정치사를 통해 역대 대통령들의 정치적 행보를 살펴보면 진정으로 국민을 위해 일한 인물들이 과연 얼마나 있는지 한심스러울 정도다. 이는 역대 대통령들 중 많은 이들이 권위를 내세워 나라의 주인인 국민을 아주 우습게 보는, 매우 불량한 군주적 태도로 일관했기 때문이다.

'국민'이란 말 속에는 국가라는 권위의 아래 단계에 백성이 있는 듯한 의미가 내포되어 있다. 유진오 박사가 처음 만든 대한민국 헌법 초안은 '국민'이 아닌 '인민'으로 표기되어 있었다. 즉, 헌법 제1장 총강 제1조에는 '대한민국은 민주공화국이다. 국가의 주권은 인민에게, 모든 권력은 인민으로부터 발한다'라고 되어 있었다. 그런데 제헌국회 의원이 된 윤치영은 '인민'이 북한에서 쓰는 말이라며 '국민'으로 고치자고 주장해, 헌법에서도 '인민'을 '국민'으로 바꾸어 지금까지 사용해오고 있다.

그러나 많은 사람들이 착각하고 있는데, '인민'은 공산권 국가에서만 쓰는 말이 아니다. 인민은 영어로 피플(People)이며, 국민은 내셔널(National)이다. 프랑스 · 독일 · 스웨덴 · 미국 등 모두 '인민'이란 의미의 용어를 사용하고 있다. 따라서 미국의 링컨 대통령이 노예해방을 선언하면서 역설한 '국민의, 국민에 의한, 국민을 위한 정치'는 엄격한 의미에서 '인민의, 인민에 의한, 인민을 위한 정치'라고 해야 올바른 번역이라고 할 수 있다. 그러나 대한민국은 오래도록 '국민'이란 용어를 사용해왔으므로, 이제는 그 언어적 속성의 여부를 떠나 편의상 그렇게 표현할 수밖에 다른 도리가 없다.

아무튼 우리가 지금까지 써오고 있는 '국민'이란 말에는 국가권력이 지배자라는 은근한 암시가 내포되어 있다. 그래서인지 모르지만 초대 대통령 이승만은 물론이고, 박정희 · 전두환 · 노태우 등 군부권력들은 국민의 주인행세를 하면서 구태적인 정치 행태를 일삼았다. 6·25 전쟁이 발발했을 때 이승만은 자기 목숨을 살리려고 서울에서 도망치면서 한강 다리를 끊어놓아 수많은 인명을 죽게 만들었다. 그 순간, 그의 머릿속에 국민은 부재했다. 피난을 못 가고 서울에 갇혀 있던 다수의 국민들은 북한군의 부역자라는 누명을 쓰고 환도 이후 철저히 색출당해 또 많은 인명이 살상당하는 피해를 보았다. 전쟁이 나기 전 빨갱이를 소탕한다면서 선민들을 몰살시킨 제주 4·3사건이나, 거제 양민학살사건 등도 정치 지도자가 나라의 주인이 되어 저지른 포악한 정치 행위였다. 전쟁 당시에도 많은 사람들이 빨갱이로 몰려 학살당했다. 이는 국가 주체를 국민이 아닌 위정자들로 인식한 결과이며 가장 나쁜 정치 행태다.

박정희의 형 박상희는 조선공산당 선산군당 총책을 맡았던 철저한 공산주의자였다. 박상희가 경찰의 손에 의해 살해당하자, 평소 그 형을 마음 깊이 흠모하였던 박정희도 복수심에 불타올라 한때 남로당에 입당한 적이 있었다. 몇 번의 죽을 고비를 넘긴 박정희는 5·16 군사 쿠데타로 정권을 잡은 후 자신의 정체성을 숨기기 위해 갑자기 표변하여 공산주의자들을 척결하는 데 앞장섰으며, 장기집권을 위하여 민주열사들을 간첩으로 몰아 죽이는 행위를 서슴지 않았다.

박정희의 양아들이라 할 정도로 그의 신임을 받았던 전두환은

5·18민주화운동 때 수많은 인명을 살상하는 죄를 범했다. 그는 대통령이 된 후 자신을 '본인'이라 지칭했는데, 이 또한 다분히 국민의 위에서 무소불위의 권력을 휘두르겠다는 의도가 깔린 호칭이 아닐 수 없다. 같은 쿠데타 세력으로 그의 뒤를 이어 대통령이 된 노태우는 자신을 '이 사람'으로 지칭하여 대국민 담화를 발표했다. 그 표현 역시 도긴개긴 국민을 주인으로 여기지 않는 국가주의적 발상이라 할 수 있다.

이처럼 대한민국의 역대 대통령들 중 상당수가 국민을 국가권력의 하위 개념으로 생각해 함부로 무소불위의 권력을 휘두르며 억울한 인명을 살상했다. 입으로 '국민'을 떠들어댔지만, 그들의 국가주의는 국민을 권력의 하수인으로만 보았고 결과적으로 많은 사람들을 억울하게 죽게 만들었다.

요즘도 선거철마다 '국민'을 외치는 정치 세력들 중에는 권위주의에 물든 인사들이 많다. 선거 유세 때는 국민 앞에 큰절을 올리다가도, 일단 당선되고 나면 자신의 권위를 내세워 고개를 뻣뻣하게 드는 것이다. 심지어 국가 공무원 중 모씨는 국민을 '개돼지'로 표현하여 매스컴을 떠들썩하게 한 적도 있다. 이들 모두가 같은 부류들이다.

이제 대한민국은 국민을 국가의 주인으로 떠받드는 사람이 대통령으로 나와야 한다. 대통령이나 공무원들은 국민을 대신해 나랏일을 하는 봉사자에 지나지 않는다. 자신의 권력을 행사하거나 혈세를 빨아들여 부를 독식하는 위정자가 아니라, 오직 봉사 정신으로 국민을 위해 일할 사람을 대통령으로 선출해야 한다.

경기도지사 이재명은 국민을 우선으로 생각하는 사람이다. 그가 처음 정치에 입문하기로 결심한 것은 국민을 위해 한 몸을 바쳐 헌신하겠다는 정신에서 비롯되었다.

사법연수원을 졸업하고 나서 이재명은 한때 성남시에서 인권변호사로 일했다. 그는 충분히 판검사를 선택할 수 있는 높은 성적을 갖고 있었으나, 연수생 시절 동아리 모임에서 각자 자기가 살던 지역으로 돌아가 인권변호사가 되자고 약속한 것을 철저하게 지켰던 것이다. 같이 동아리 활동을 하던 연수생 중에선 간혹 그 약속을 어기고 판검사로 진출한 사람들도 있으나, 그는 당장의 출세보다 억울한 국민들을 돕는 일에 헌신하겠다는 마음을 갖고 있었다. 사실상 당시 대다수의 판검사는 군사정권의 심복이나 마찬가지였다. 판검사뿐만 아니라 군사정권 하에서 복무한 고급 공무원들 중에서도 군부의 심복이 되어 국민 위에 군림하여 권력행사를 하는 자들이 적지 않았다. 그가 인권변호사를 택한 것은 군사정권의 심복이 되기를 거부하는 일종의 항거였다고 할 수 있었다.

이재명이 성남에서 인권변호사로 일하던 2003년 말의 일이었다.

성남시에서 두 개의 종합병원이 한꺼번에 폐업하게 되었다. 성남병원과 인하대병원이 적자 운영으로 어쩔 수 없이 문을 닫게 되었는데, 이렇게 되면 성남시는 당장 의료 공백이 생겨 서민들이 아파도 분당이나 서울에 있는 병원을 이용해야만 했다.

이때 이재명은 먼저 서민들의 불편을 생각했다. 그가 청소년기를 보낸 곳이므로 성남시 서민들의 애환을 너무나도 잘 알았다. 성남시는 서울시의 무허가건물 일소에 따른 철거민 정착 주택단지로 조성된 계획도시로서, 특히 가난한 서민들이 많이 살았다. 분당 신도시가 개발되고 나서 중산층들이 대거 들어오긴 했지만, 본래 성남시에 거주하던 서민들은 여전히 열악한 생활 조건 속에서 살아가고 있었다. 그런데 두 개의 큰 병원이 문을 닫으면 서민들은 병이 나도 마땅히 갈 곳이 없었다.

성남시청에선 당장 의료 공백이 걱정되는데도 이렇다 할 대책을 세우지 못했다. 이때 이재명은 서민들을 위하여 시립병원을 설립하는 운동을 벌이기로 마음먹었다. 시에서 추진하지 않으면 주민들이 직접 나서서 시립병원 설립을 추진토록 조례를 발의할 수 있었기 때문이다.

그러나 마음만 먹는다고 일이 다 되는 것은 아니다. 일단 결심을 하면 행동력이 따라주어야 한다. 이재명은 판단력이 빠르고, 불가능을 가능으로 만드는 추진력 또한 뛰어났다. 다른 사람들이 불가능하다고 생각하는 일도 자신의 생각 속에서 가능하다는 판단이 서면 즉각 실행에 옮기는 지행합일(知行合一)의 정신을 그는 자신의 신념으로 갖고 있었다. 그는 가슴에 알파 엔진을 달고 있는 파워맨이었다.

이재명의 알파 엔진은 국민이 어려움에 처했을 때 즉각 가동되었다. 성남시의 서민들이 의료 공백으로 어려움에 처하자, 그는 빠른 판단력으로 시립병원 설립 아이디어를 냈다. 성남 시민 서명운동을 통해 '성남시 시립의료원 설립 및 운영에 관한 조례'를 발의하기로 한 것이다.

인권변호사 이재명이 정치가로 나서는 순간이었다. 서명운동은 시민의 인권을 보호하는 차원에서 시작했으므로 인권변호사가 하는 일 중의 하나이지만, 현안 문제는 정치와 긴밀한 연관 관계를 갖고 있었다. 그는 보건의료 노조원, 시민운동 회원들과 함께 불철주야 발로 뛰면서 정확하게 1만 8,595명의 서명을 받아 조례를 발의했다. 그러나 일은 생각대로 쉽게 풀리지 않았다. 반드시 성남시의회를 거쳐 통과되어야만 법적 효력을 얻을 수 있는데, 당시 새누리당이 다수인 시의회가 반기를 들었기 때문이다.

이재명은 '성남시립의료원 설립 및 운영에 관한 조례'가 부결되던 날을 결코 잊지 못한다. 2004년 3월 25일 성남시의회는 개회 47초 만에 이 조례를 부결시키는 날치기 수법을 썼던 것이다. 이는 사전에 시의원들이 서로 입을 맞추어 밀약을 해놓지 않으면 결코 일어날 수 없는 일이었다. 서명운동에 참여했던 많은 시민들이 항의했지만, 조례를 날치기로 부결시킨 시의원들은 약속이나 한 듯 모두들 쥐도 새도 모르게 그 자리를 피해버렸다.

대한민국 정치사에서 날치기 수법은 어느 의회에서나 보아온 결코 낯설지 않은 장면이다. 그걸 두고 여야가 서로 몸싸움을 벌여 의회를 난장판으로 만드는 일도 비일비재했다. 참으로 겉으로는 의회민주주의를 내세우면서도, 그들은 이익집단의 논리를 내세워 힘으로 밀어붙였던 것이다. 이때 그들에게 국민은 보이지 않았다. 여야를 불문하고 자기 세력의 이익에만 철저하게 몰두하여 정치를 동네 뒷골목 건달들의 패싸움으로 전락시키고 말았다.

이재명이 분개한 것은 시의원들이 회의 시작 47초 만에 의사봉 세 번을 두드리는 순간, 국민의 권리를 송두리째 빼앗기고 말았다는 사실에 있었다. 선거 때 시민들은 적재적소에 국민의 혈세를 공정하게 분배하여 시의 행정이 원활하게 돌아가도록 하라는 명령을 내려 그들을 심부름꾼으로 뽑아놓은 것이다. 그런데 시의원들은 그 명령을 아예 무시하고 자신들과 그들의 이익집단을 위해 국민의 권리를 도둑질해간 것이었다.

성남시민들의 간절한 소원인 성남시립의료원 설립에 관한 조례가 타당성 조사 불충분을 이유로 단 47초 만에 무시되는 사태에 직면한 순간, 이재명의 눈에서는 뜨거운 눈물이 쏟아졌다. 기대감을 품고 의사당 관람석을 채웠던 시민들의 마음 역시 그와 똑같았다. 그동안 서명을 받으려고 발이 부르트도록 뛰어다닌 사람들이었다. 자기 일개인이 아닌 성남시민 모두의 생명을 보전하기 위한 일이라 생각하고 불철주야 몸을 바쳐 서명운동을 벌였는데, 그 기대가 1분도 아니고 단 47초 만에 무너졌다. 그들이 오랜 시간에 걸쳐 피와 땀을 흘리며 노력한 결과가 시의원들의 의사봉 세 번 휘두르는 그 짧은 순간에 그야말로 '도로아미타불'이 되고 만 것이었다.

시의원들이 도망친 후에도 회의장에 모인 시민들은 떠날 줄 몰랐다. 그동안 들인 노력이 억울해서 그냥 집으로 돌아갈 수 없었다. 모두의 심정이 그랬다. 사람들의 마음이 일치단결되자 자연스럽게 농성으로 이어졌고, 인권변호사로서 이재명은 시민들의 권리를 주장하는 대표자로 나서게 되었다.

그날의 농성은 길지 않았고, 저녁때가 되자 시민들은 모두들 각자 집으로 돌아갔다. 남은 것은 이재명 혼자였다. 그는 곧바로 집으로 갈 수 없었다. 이미 성남시의회 새누리당 의원들에 의해 특수공무집행방해죄로 고발당한 뒤였으므로, 그 농성하던 몇 시간 사이에 졸지에 수배자 신분으로 바뀌어버린 것이었다.

당시 성남시청 뒤에는 주민교회가 있었는데, 이재명은 그 교회 지하실로 몸을 숨겼다. 성당이나 교회, 사찰 같은 종교 시설에는 수배자 신분의 사람이 숨어들더라도 함부로 경찰력을 행사할 수 없으므로, 그는 일단 그곳으로 몸부터 피하고 본 것이었다.

수배자가 된 이재명은 교회 지하실 구석에 앉아 자신의 앞날을 생각했다. 캄캄한 벽이 그의 눈앞을 가로막았다. 청소년 시절을 어둠과 같은 가난과 설움 속에서 보낸 그는 "벽은 뚫으라고 있는 것"이라고 생각했다. 그래서 벽 앞에 서면 오히려 불끈하고 극복의지가 타올랐다. 그의 가슴 저 밑바닥에 잠재된 힘이 분수처럼 샘솟기 시작하는 순간이었다.

그때 마침 서명운동에 적극 참여했던 보건의료노조 부위원장이 이재명을 찾아 지하실로 들어왔다. 그녀의 손에는 생선초밥이 들려 있었다. 배가 고팠고, 이재명은 생선초밥을 입안으로 넣다 말고 목이 메었다. 초밥 때문이 아니었다. 부위원장이 어떡하면 좋겠냐며 눈물이 그렁그렁 맺힌 눈으로 그를 쳐다보았기 때문이다.

그 순간 이재명은 두 주먹을 불끈 움켜쥐었다. 세상을 바꾸어야 한다는 결심이 새삼 그에게 용기를 준 것이었다. 벽은 깨부수라고 있는 것이므로, 그 벽 앞에서 절망해서는 안 된다고 생각했다. 그에게 있어서 당장의 벽은 성남시정을 책임지고 있는 정치권력이었다. 성남시의

회 의원들의 47초 의사봉 사건은 대한민국 정치사의 한 단면을 보여
주는 아주 작은 사건에 불과하지만, 국민을 무시하는 그 막가는 정치
행태는 대한민국 정치사상 변하지 않은 고질적인 병폐이므로 매우 상
징적인 의미를 담고 있었다. 정치는 나라의 주인인 국민을 위해 있는
것인데, 주인은 제쳐두고 머슴들이 판을 치는 세상이 되어버린 것이
었다.

'호랑이를 잡으려면 호랑이 굴로 들어가야 한다. 세상이 변하지 않으
면 내가 세상을 바꾸어야 한다.'

이재명이 인권변호사에서 정치인으로 변신하겠다고 결심하는 순
간이었다. 일단 그는 먼저 성남시장에 도전해 시민의 숙원사업인 성
남시립의료원 설립을 추진하겠다고 마음먹었다. 이러한 그의 결단은
'국민이 지배 권력의 하위 단계가 아닌 상위 개념'이라는 깊은 인식에
서 비롯되었다. '나라의 주인인 국민을 모시는 정치'를 하겠다고 그는
결심했다.

그러나 현실 정치는 또 하나의 벽이었다. 이재명은 2006년 제4대
지방선거에서 성남시장에 출마했으나 낙선의 고배를 마셨다. 2008
년 제18대 총선에 성남시 분당 갑 국회의원 선거에 도전했으나 또다

시 실패하고 말았다. 그는 평소 존경해마지 않았던 서민 출신 대통령 노무현을 생각했다. 1990년 삼당합당 때 김영삼이 이끌던 통일민주당을 떠나 김대중의 평화민주당으로 당적을 옮긴 노무현은, 이후 국회의원과 지자체선거 등에서 수차례 낙선의 고배를 마셨으나 나중에 제16대 대통령에 당선되었다. 정치의 세계는 그렇게 뼈아픈 낙선의 아픔을 견뎌내면서 정치 이력을 쌓아가는 험난한 길이었다.

이처럼 인권변호사를 거쳐 정치인으로 우뚝 선 대선배 노무현을 떠올리면서, 그와 같은 길을 택한 이재명 역시 일단 정치에 뛰어든 이상 낙선은 당선을 위한 워밍업일 뿐이란 생각을 갖고 있었다. 그래서 결코 절망하지 않았으며, 드디어 2010년 제5대 지방선거에서 성남시장으로 당선되었다.

이재명은 성남시장에 당선되자마자 조례를 개정해 의료원설립추진위원회를 구성하였다. 그리고 2013년 11월 성남시 구청사를 철거하고 그 자리에서 기공식을 개최하기에 이르렀다. 그가 처음 성남시립의료원 설립을 위한 서명운동을 시작한 지 만 10년 만에 이루어진 큰 성과였다.

공교롭게도 같은 해인 2013년 6월에 경상남도 진주의료원이 폐쇄조치된 것과는 아주 대조적인 모습이었다. 당시 경남도지사는 진주권 의료기관 과잉, 강성노조 및 부실경영에 따른 적자 누적, 대민서비스 불만 등을 진주의료원 폐쇄의 이유로 들었다. 그러나 시에서 운영하는 의료원은 사설 종합병원에 가기 어려운 서민들에게 의료 혜택을 주기 위한 공공 서비스 차원에서 운영되는 것이다. 그러므로 진주의료원 폐쇄조치 단행은 국민의 의료복지에 역행하는 행정이자, 국민의 권리를 무시하고 행정 편의주의만 내세우는 구태적인 발상에 다름 아니었다. 정치인이 국민을 어떻게 생각하느냐의 차이가 이처럼 차원이 다른 행정으로 이어진 것이다.

시립의료원 하나를 짓는 데도 매우 복잡한 법적 절차를 거쳐야 했으며 그 과정에는 지난한 문제가 많았다. 이재명이 2014년 성남시장에 재선되고 나서는 시공업체의 파산으로 주관사를 변경해야 했으며, 우여곡절을 거쳐 성남시립의료원이 정식으로 준공된 것은 그가 성남시장 임기를 끝내고 2018년 제7대 지방선거에서 경기도지사에 당선되고 난 이후인 2019년 2월이었다. 그리고 다시 2020년 7월에야 정식으로 개원을 하게 되었다.

성남시립의료원은 부지 2만 4,711㎡에 지하 4층, 지상 10층으로 연면적 8만 5,233㎡의 신축건물이다. 병상 규모는 509석이며, 의료시설과 문화시설이 공존하는 시민 친화적 공간을 갖고 있는 것이 특징이다. 5개 센터와 24개 진료과를 개설한 이 병원은 성남시가 운영하는 공공 의료기관으로 적정 의료수가를 유지하는 동시에, 시민들의 다양한 수요를 반영한 최첨단 의료 시스템을 갖추고 있다.

불가능을 가능케 하는 것, 그것이 바로 사람의 능력이다. 이재명은 많은 사람들이 불가능하다고 생각하는 것을 가능한 것으로 바꾸는 능력의 소유자다. 과연 그 힘은 어디서 비롯되는 것일까? 정의로운 생각을 가진 많은 사람들이 힘을 보태면 이 세상에 이루지 못할 일이 없다는 것이 이재명의 진실한 믿음이다. 그의 '판단력'이란 파워 에너지는 바로 그러한 굳건한 믿음에서 나온다.

누가 뭐래도 국민의 생명이 우선이다

아직도 국민들의 기억에서 지워지지 않는, 결코 잊을 수 없는 사건이 '세월호 참사'다. 국민을 분노케 한 것은 배에 탄 사람들의 생사가 걸린 긴박한 상황임에도 정부가 보였던 안이한 대처와 행정적 미숙함이었다. 거기에 덧붙여 청와대는 사건 해결보다 대통령 박근혜의 '세월호 7시간'을 숨기는데 더 집착했으니, 관계자들의 이런 행태야말로 집단 이기주의의 표본이었다. 그들에게는 배가 전복되어 죽어가는 생명들보다 자신들의 이해득실 문제만 따져 정치적 생명을 보전하는 것이 더 중요했다고 볼 수밖에 없다. 이러한 생각을 가진 사람들에게 국민의 생명은 안중에도 없었다. 그들은 국민의 눈을 속이는 한이 있더라도 권력을 유지해 지속적으로 기득권을 행사하겠다는 일념밖에 없었던 것이다.

결국 그러한 문제들이 국민을 분노케 하였고, 거기에 더하여 일명 '박근혜-최순실 게이트'가 터지면서 급기야 '촛불혁명'으로 이어졌다. 순자(荀子)의 왕제편에 나오는 '임금은 배, 백성은 물이다. 물은 배를 뜨게 하지만, 배를 뒤집을 수도 있다.(君者舟也, 庶人者水也. 水則載舟, 水則覆舟)'는 말이 그대로 맞아떨어져, 박근혜는 결국 탄핵을 받아 대통령 자리에서 물러났다.

대통령은 자신을 지지하는 집단이기주의 세력의 보전보다, 국민의 생명에 더 가치를 두는 근본정신을 갖고 있어야 한다. 국민이 지대한 관심을 갖는 하나의 사건이 발생했을 때 이에 대해 대처하는 걸 보면 그 정당을 대표하는 대통령과 비서진을 포함한 관료들의 생각이 어디에 가 있는지 확실하게 알 수 있다. 국민의 생명을 우선시하지 않는 정치인들은 그 마음 자세에서부터 자격을 이미 상실했다고 보아야 한다.

이재명이 많은 국민들로부터 지지를 얻고 있는 것은, 그의 내면에 튼튼하게 기초를 다진 생각이 바로 국민을 가장 우선시하는 인간적 덕목에 있음을 높게 샀기 때문이다. 비근한 예가 2020년 2월 29일 경기도지사 이재명이 아주대병원 교수 이국종에게 긴급을 요하는 대구·경북 지역 코로나19 의료지원을 요청한 일이다. 이 지사의 요청을 이 교수는 전격적으로 수락, 코로나19 확진환자 급증으로 어려움을 겪고 있는 대구·경북 지역의 긴급환자를 이송하기 위해 닥터헬기에 탑승하였다. 당시 신천지예수교 대구교회와 관련하여 대구·경북 지역 코로나19 확진환자가 폭발적으로 늘어나 긴급히 경기도 닥터헬기를 지원한 것인데, 그로 인해 공백이 생기는 경기도 내의 중증외상 환자 이송은 소방헬기로 대체하여 차질이 없도록 조처했다.

이처럼 폭발적으로 늘어나 병상 확보가 어려운 대구·경북 지역의 코로나19 확진환자를 경기도 닥터헬기로 도내의 병원으로 후송함으로써 그만큼 지역 병상이 확보되어 감염치료에 크게 도움을 주었다. 여기서 지역 이기주의에 편승한 어떤 사람들은 경기도지사가 왜 주제넘게 다른 지자체에까지 신경을 쓰느냐는 의문을 가질 수도 있을 것이다. 그러나 이재명이 생각하고 있는 국민은 경기도민에만 국한되어 있지 않다. 대한민국 국민 모두의 생명이 소중하기 때문에 누가 뭐래도 적극 나설 필요가 있다고 판단했던 것이다.

지금까지 대체로 행정 관료들은 자신이 책임지는 경계선 안의 일에만 신경을 써왔다. 특히 소방헬기의 경우 경계지역을 더욱 따지곤 하는데, 예를 들면 북한산에서 등산객이 사고를 당해 119에 도움을 요청할 경우 사고지역이 서울시인지 경기도인지를 먼저 따진 후 그 사고지역 관할 구역의 헬기가 뜨게 돼 있다.

이재명은 그러한 행정편의주의로 인한 국민들의 불편에 대하여 먼저 생각하는 정치인이다. 경기도 닥터헬기로 대구·경북 지역 코로나19 확진환자 이송을 결심한 것은 지자체장 누구도 감히 생각하지 못한 일로, 이는 그의 국민을 생각하는 마음이 그만큼 넓고 확고하다는 것을 의미한다. 또한 그 요청에 대한 아주대병원 교수 이국종의 흔쾌한 수락은, '국민의 생명'을 무엇보다 중요하게 생각하는 근본정신으로 뭉친 두 사람의 혼연일치가 이룩해낸 결과라고 볼 수 있다.

경기도지사 이재명과 아주대병원 외과 의사이자 교수인 이국종은 2019년 8월 '24시간 운영 닥터헬기 도입 및 소방체계와 연계한 경기도 신 의료체계 확립'을 위하여 합심의 노력을 기울이면서 서로의 마음이 통하게 되었다. 이때 이 교수는 "한 지도자가 얼마나 큰 변화를 가져올 수 있나 몸소 보여주셨다"라며 이 지사의 소신 있는 행정과 빠른 결정에 대해 찬사를 보내기도 했다. 사실상 이 안건은 전부터 경기도청에서 여러 차례에 걸쳐 논의된 바 있었다. 그러나 행정적인 처리가 이루어지지 않고 지지부진하게 최종적 결정이 지연되어 왔었는데, 이 지사가 새로 부임한 뒤 전격적인 지원을 약속한 것이었다.

아주대병원이 도입한 24시간 닥터헬기 시스템은 기본적으로 각종 의료시설을 갖춘 특화형 응급의료 헬기 운용이라고 할 수 있다. 그동안 닥터헬기는 강원·경북·인천·전북·전남·충남 등 전국 6군데 지자체에서 주간에만 운용해 왔다. 이들 기존의 다른 지자체에서 운용하는 닥터헬기는 119상황실과 협조체계가 마련되지 않아, 긴급

위험 환자가 발생했을 경우 권역 외상센터로 이송하는 역할에 그쳤다. 그러나 경기도는 전국에서 7번째로 닥터헬기를 도입하면서 24시간 체제를 갖췄으며, 의료진의 동승으로 환자 이송 도중 긴급을 요하는 응급수술도 가능하도록 했던 것이다.

이재명이 닥터헬기의 24시간 운영과 의료진 탑승 체제를 갖춘 것은, 밤에도 위급 환자는 발생하고 있으며 병원 응급실에 도착하기 전에도 상황이 악화될 수 있는 사태를 미연에 방지하기 위한 고육책의 결과라고 할 수 있었다. 물론 기존의 다른 지자체가 운용하는 닥터헬기보다 기내에 의료 시스템을 갖추는 데 있어 설비 금액의 부담이 컸다. 더구나 의료진 탑승으로 인한 인력 보강도 해야 하므로 전체적으로 인건비까지 추가돼 비용부담이 크게 늘어났지만, 이를 한 칼에 해결할 수 있도록 한 것이었다. 이에 따라 경기도 소방재난본부 구조 및 구급대원 6명이 아주대병원으로 파견돼 24시간 출동 대기토록 하고, 닥터헬기 컨트롤타워를 소방상황실로 지정하여 소방시스템과 연계함으로써 위험 환자가 발생하면 즉각 출동할 수 있는 시스템을 마련하여 본격 준비에 착수했다.

그러나 막상 닥터헬기와 헬기포트 설치를 하려고 하자 광교신도시 주민들이 반대를 하고 나서면서 아주대병원과의 갈등이 깊어졌다. 광교신도시는 2019년 막바지 입주를 하였는데, 이때 아주대병원에서 닥터헬기 24시간 체제를 갖춘다는 발표가 나오자 주민들이 야간의 헬기 소음을 이유로 민원을 제기했던 것이다. 이렇게 되자 '닥터헬기 24시간 체제'에 대한 수용 여부와 관련하여, 아주대병원과 이 시스템 도입의 일등공신인 이국종 사이에 의견조율이 안 돼 심각한 갈등관계로까지 이어졌다.

이국종은 소말리아 해적에게 납치된 한국의 화물선 삼호주얼리호 선원 구출에 나선 청해부대 최영함의 석해균 선장이 총탄 세례를 받아 사경을 헤매던 2015년 긴급 수술로 생명을 살려낸 인물로 한때 매스컴을 떠들썩하게 했다. 또한 2017년에는 판문점 공동경비구역의 군사분계선을 넘다 북측 초소의 총격을 받아 5군데 총상을 입은 북한군 귀순병을 2, 3차 수술 끝에 살려내기도 했다. 아주대병원의 권역외상센터장과 외상외과장을 겸임하고 있는 이 교수는 열악한 외상외과의료진 처우 개선과 맞물려 아주대병원 중진들과도 갈등관계에 있었는데, 엎친 데 덮친 격으로 광교신도시 주민들의 민원까지 생겨 심각한 고민에 빠졌다.

이때 경기도지사 이재명은 광교신도시 주민들의 이국종에 대한 폭언과 집단민원을 전격적으로 막아주었다. 그는 헬기 소음 때문에 아파트 값이 떨어질 것을 우려한 집단이기주의보다는 국민의 생명이 더 소중하다는 것을 내세워 주민들을 설득하는 데 성공했던 것이다.

만약 선거 때 기득권 세력의 지지표를 생각하는 정치인이었다면 광교 신도시 주민들의 손을 들어주었을지도 모른다.

이국종에게 있어서 광교신도시 민원을 해결해준 이재명은 든든하고 믿음직한 원군이었다. 그는 그러한 고마움에 '탄원서'로 답변해주었다. 경기도지사 당선 직후부터 선거법 위반 등으로 법정공방이 진행되어 지사직 상실 위기에까지 몰린 이재명을 구하기 위해 대법원에 탄원서를 제출한 것이었다.

2019년 9월 19일 이국종은 경지도지사 이재명의 항소심 당선무효형 판결과 관련하여, 선처를 호소하는 탄원서를 대법원에 제출하였다. 그는 10쪽 분량의 자필로 된 탄원서를 통해 경기도민의 생명과 안전을 위해 이 지사는 도정 최고책임자로서 꼭 필요한 사람임을 강조하며, 너무 가혹한 심판을 받는 일만큼은 지양해 주길 간곡히 부탁한다고 밝혔다. 그는 또한 자신과 직접 연관성이 있는 중증외상치료제도 구축과 관련하여 이 지사의 결단력을 다음과 같이 평가했다.

"선진국형 중증외상치료제도 구축이 기존 체계와 이해당사자들의 반발로 방향성을 잃고 한 발짝도 나아가지 못할 때, 이 지사가 생명 존중을 최우선 정책순위로 올리고 어려운 정책적 결단과 추진력을 보여주었다."

2020년 7월 16일 선거법 위반혐의 사건에 대한 대법원의 무죄 취지 선고로 이재명은 사실상 깨끗하게 법적 마무리를 할 수 있었다. 그동안 여러 가지 문제가 제기됐던 조폭 연루설, 패륜, 형님 강제입원 등등의 사안들은 애초 경찰 수사 단계에서 의혹의 절반 정도가 무혐의로 결론이 났다. 그리고 검찰도 대부분 증거불충분으로 혐의 없음을 인정했다. 마지막 재판 과정에서 선거법 위반 혐의 한 가지만 남아 있었는데, 벌금형 300만 원을 받은 2심판결로 도지사직 상실 위기에 처했으나 대법원의 무죄 취지로 오히려 그의 진실성이 더욱 부각되었다.

이로써 이재명은 그동안 여러 차례의 재판 과정을 거치면서 도정을 마음껏 펼칠 수 없었는데, 그 이후 더욱 열심히 지자체단체장으로서의 업무에 집중하게 되었다. 경기도지사 취임 첫 달인 2018년 7월에 그는 리얼미터 여론조사에서 전국 지방자치단체장 중 최하위인 17위(29.2%)를 기록했었다. 선거가 끝나고 곧바로 터진 선거법 위반혐의 사건 때문에 도정을 제대로 이끌 수 없었기 때문이다. 그러나 2020년 대법원 선고 직전에 나온 리얼미터 여론조사에서 그는 15개 시도지사를 대상으로 실시한 직무수행 평가에서 당당하게 1위(71.2%)를 기록하였다. 이때 서울과 부산은 시장이 공석이어서 조사 대상에서 제외되었다.

아무튼 대법원 판결 이후 이재명과 이국종의 콤비네이션은 더욱 탄력을 받을 수 있었다. 경기도와 아주대병원은 2019년 5월 한국항 공우주산업(KAL)을 사업자로 정하고, 본격적으로 24시간 운항 닥터헬기 사업의 시동을 걸었다. 그리고 1년 단위로 계약을 하기로 함에 따라 2020년에도 재계약을 해 사업을 지속해왔다. 그러나 KAL은 2021년 말까지만 이 사업을 진행하고 계약을 더 이상 연장하지 않기로 했다.

　KAL이 닥터헬기 사업을 2년 만에 종료할 수밖에 없는 처지에 놓인 것은 코로나19 사태와 맞물려 막대한 적자가 발생해 더 이상의 운용이 어려워졌기 때문이다. 한정된 예산으로 대형헬기를 24시간 가동하다 보니 수익성이 저조한 데다, 코로나19 팬데믹 현상으로 세계 통상 관계에 어려움이 많아져 헬기의 유지보수에 필요한 부품 수급조차 원활치 못했던 것이다.

　그러나 이재명과 이국종의 맨파워는 강렬한 의지로 의기투합하여 24시간 운항 닥터헬기 사업을 지속적으로 이끌고 갈 것이다. 경기도와 아주대병원이 KAL 이외에 다른 사업자 선정을 위해 협의를 진행 중에 있기 때문이다.

　떳떳한 사람은 부끄러워하지 않고, 자신이 결정한 일에 대해 결코 후회하지 않는다. 그리고 반드시 그 일을 추진하여 성공으로 이끈다.

과연 그 힘은 어디서 오는 것일까? 그가 판단하고 실행하는 일이 자신과 주변의 이해당사자들의 이득이 아닌, 도움을 필요로 하는 절대다수의 사람들을 위한 것이기 때문이다. 어려운 사람을 돕는 이들은 자신이 돕고 있는 사람의 아픔을 알고, 그들과 마음이 동화되어 감동의 에너지를 받기 때문에 행복감을 느낀다.

그런 의미에서 이재명과 이국종은 행복한 사람으로서의 맨파워를 가지고 있다. 햇빛이 마른자리 진자리 가리지 않고 골고루 비추듯이, 그들의 맨파워는 다수의 사람들에게 그 힘의 가치를 선물한다. 이기주의자들을 제외한 순수한 많은 사람들이 그들을 응원하고 지지하는 이유다.

강한 자는 누르고 약한 자를 돕는다

　민주주의는 정의롭고 공정한 사회를 실현하는 데 있다. 그러나 자본주의를 표방한 민주주의 체제에서는 그 목표를 달성하기가 매우 어렵다. 자본주의 속성 자체가 공정해야 할 민주주의의 질서와 가치까지 훼손하기 쉽기 때문이다. 자본주의의 우선적 목표는 사적인 생산 수단을 통한 이윤의 획득이고, 그 속에서 개인적 욕망을 충족시키려는 인간은 부를 축적하는 데 심혈을 기울일 수밖에 없다. 따라서 국가 경제력이 일부 거대자본에 의해 독식되는, 말하자면 빈익빈 부익부의 경제 구조를 탄생시키는 결과가 되기 십상이다. 더구나 거기에다 정치와 자본이 만나 정경유착이 이루어지면서, 정의롭고 공정한 사회를 지향하는 민주주의의 근간까지 흔들리는 악폐를 낳게 되는 것이다.

　한국의 정치와 경제 구조를 보면 그 양상이 확연하게 드러난다. 일제강점기를 겪으면서 국민들은 제국주의의 폭압과 나라를 잃은 설움 속에서 고통을 견뎌내며 이를 악물고 먹고살기 위해 안간힘을 써왔다. 해방이 된 이후에도 한국에서는 민족 분단의 정치적 회오리 속에서 여전히 국민들의 수난이 계속되었고, 6·25전쟁의 참화는 전 국토를 잿더미로 만들어 전후 복구 작업에 죽을힘을 다해야만 했다. 그 이후 한국은 1970년대부터 본격적으로 기간산업을 일으켜 적극적으로 중화학공업을 육성하고, 수출주도전략으로 나가면서 경제개발에 전력을 다하였다. 이때 한국은 정치와 자본이 만나 공업국으로 승승장구하면서 저개발국 중에서 가장 빠르게 세계 10위권의 경제 규모를 가진 선진국 대열에 합류했다.

그러나 정치권력은 인허가 등의 행정 조치를 통하여 기업인의 사업터전을 마련해주고, 그로 인해 기업을 일으킨 사업주들은 알게 모르게 정치권력을 돕는 가운데 정경유착의 악폐가 관행처럼 얽혀 오늘날에 이르고 있다. 이들은 권력과 돈을 손아귀에 틀어쥐면서 빠르게 기득권층으로 부상했다.

불과 반세기 남짓한 기간에 한국이 세계 10대 경제 강국으로 올라서게 된 것을 두고, 흔히 중화학공업과 수출주도정책을 국정 과제로 삼았던 대통령 박정희와 열정적으로 사업을 확장해 거대자본을 형성한 기업가들의 공헌이라고 말하는 사람들이 있다. 그런데 간과하고 있는 것이 한 가지 있다. 정책 입안과 경영 전략은 그들의 몫일지 모르지만, 실제 피와 땀을 흘려 노동력을 제공한 국민들의 힘이야말로 한국경제를 일으켜 세운 주역이었던 것이다. 또한 많은 국민들이 낸 혈세를 정치 입안자들은 부국경제의 기치 아래 경제인들에게 제공함으로써, 그들이 사업을 일으킬 자본을 형성하는 데 큰 도움을 주었다. 모든 국민들이 알뜰살뜰 모아 저축한 돈이 쌓여 자금을 축적한 은행은 정치인들의 정책 방향에 따라 경제인들에게 저리로 기업자금을 융통해주었다. 기업에 대한 저리융자정책은 한국경제를 키우는 데 디딤돌 역할을 했던 것이다. 대기업들은 은행 돈을 빌려 공장을 짓고, 해외에 진출하고, 수출을 통하여 외화를 벌어들였다.

그러나 가만히 따져 보면 일반 국민들은 억울할 수밖에 없다. 용수철은 눌려 있을 때 압축된 힘을 가지고 있다가, 그것이 풀렸을 때 폭발적으로 치솟는 저력을 갖고 있다. 36년간의 일제강점기는 우리민족에게 크나큰 압박으로 다가왔으며, 그 울분이 1919년 만세 운동으로 폭발하기도 했다. 해방 이후 경제개발이 추진되면서 국민들의 억압되었던 감정과 강력한 힘이 피와 땀의 결정체를 이루는 용수철 효과를 발휘하여 대한민국은 경제강국으로 올라설 수 있었다. 정치인과 기업가들이 일터를 만들어주었다면, 국민들은 오직 "잘 살아 보겠다"는 의지 하나로 똘똘 뭉쳐 불철주야로 양질의 노동력을 제공했던 것이다.

　이렇게 직접적으로 노동력을 제공한 국민도 있고, 간접적으로 저축을 통해 은행으로 하여금 경제인들에게 저리의 기업자금을 대부해 주는 데 일익을 담당한 사람들도 있다. 그런데 노동력 대가의 일부는 알게 모르게 경제인들의 주머니로 들어가고, 국민들이 저축한 돈 역시 은행과 기업을 경영하는 그들이 좌지우지하는 형태로 바뀌어 갔다. 은행은 확실하게 담보가 있는 경제인들에게 대부해 주는 것을 선호하였고, 일반 국민들에게는 기업에게 주는 저금리보다 비싼 고금리 대출을 해주었다. 그것도 담보가 있을 때의 이야기지 담보가 없는 일부 저소득층은 은행 근처에도 가지 못하고 고리대금의 사채를 쓰는 수밖에 없는 처지였다. 국가에서는 사채시장이 사회적 문제로 대두되자, 은행의 문턱을 낮춘다는 의미로 제2금융권 제도를 만들었다. 그러자 은행에서 대출받기 어려운 일반 저소득층이 제2금융권으로 몰릴 수밖에 없었는데, 일반 은행보다 금리가 비싸 종래의 고리대금업을 기업자본이 대신하는 것이나 마찬가지가 되었다. 결국 거대자본이라는 한 점으로 사채시장의 자금까지 몰아준 꼴이다. 근자에는 소상공인과 중소기업에도 은행이 저리융자로 기업자금을 융통해준다고 하지만, 그 영역은 어디까지나 한정적이다.

　이러한 자본의 흐름이 법적으로는 하등 하자가 없는 것처럼 보인

　　　　　　　　　　　　　　　　　파워풀 이재명

다. 겉모습은 적어도 그러하다. 하지만 은행과 재벌 간의 뒷거래 관행을 무시할 수 없고, 거기에 실세 권력까지 동원되어 양측에 힘을 실어주고 있음은 미루어 짐작하기 어렵지 않다.

음성적인 거래는 눈에 보이지 않는다. 국민 혈세가 낭비될 때도 겉으로 드러나지 않게 어디선가 술술 새어나간다. 만약에 어떤 시사 만화가가 있어 국민 혈세의 낭비 과정을 그림으로 그려본다면, 일반 국민들의 서민주택에서 나온 지폐가 날개를 달고 하늘에 붕붕 떠서 정치와 경제의 실세들인 10%의 기득권층 대저택으로 날아가는 것을 상상해볼 수 있을 것이다.

이렇게 해방 이후 70여 년이 지나면서 한국은 세계 10위권의 선진국 대열에 들어서는 경제 규모를 자랑하게 되었지만, 그것은 수출액과 국민총생산(GDP), 국민소득(GNP) 등의 숫자로 나타난 겉모습일 뿐이다. 일반 국민들은 피와 땀을 흘린 노동으로 한푼 두푼 알뜰살뜰하게 모은 돈을 저축하고, 거기에 재산세와 소득에 따른 세금을 꼬박꼬박 냈는데도 생활여건은 전체 10%의 기득권층에 비하면 무릎 아래로 한참 밑돌고 있는 것이다.

실제적으로 한국의 상위 1%에 해당하는 부자들이 전체 국가 자산의 25% 이상을 점유하고 있다. 10%의 기득권층도 연소득의 48%와 자산의 66%를 차지하고 있다. 여기에 비하면 하위 50%는 연소득의

5%밖에 안 되며, 자산의 총량도 전체 자산의 2%에 불과한 실정이다. 이러한 빈익빈 부익부의 현상은 날로 심화되어 가고 있다.

1998년 IMF 외환위기 때 한국은 중산층까지 무너져 가난한 서민층으로 전락했고, 그들의 부를 10%의 기득권층이 가져가 부자와 빈자의 편중 현상이 더욱 벌어지게 되었다. 거대자본이 일반 국민의 소자본을 독식하는 이러한 경제구조는, 정경유착의 고리를 더욱 심화시켜 돈과 권력을 쥔 강자와 그 두 가지 모두 없는 약자로 분리되는 사회적 악폐를 만들어내고 있다.

1980년대 후반 군사독재정권이 무너지면서 민주화 세력이 정치의 전면에 등장했지만, 그들도 오랜 관행의 정경유착 고리를 끊지는 못했다. 오히려 그들의 일부도 기득권 세력으로 돌아서는 실정이고, 강자의 입장이 되어 국민들을 지배하려고 드는 현상까지 벌어진다.

한국 역대 정치인 중에서 서민 90%를 대변하는 대통령으로 우뚝 선 인물은 노무현이다. 그는 약자의 편에 서서 강자와 맞서는 정치 철학을 실천해온 대통령이었다. 그가 지방분권을 역설하며 국가균형발전을 선언한 것도, 그와 같은 풀뿌리 민주주의의 실현을 통해 중앙집권적 행정체제의 불합리성을 고쳐보려고 노력한 결과였다. 그러나 임기 초에 '젊은 검사들과의 대화'를 마련했을 때, 신참내기 검사들이 서민 대통령을 대하는 태도는 시건방지기 이를 데 없었다. 번연히 대통령이

상고 졸업이 최종 학력인 줄 알면서, 신참 검사들은 "몇 학번이냐"고 물어 자신들의 학력 우위를 내세우려고 들었다. 대다수의 일반 국민들은 분노했지만, 기득권 세력들은 꿈쩍도 하지 않았다. 그들은 철벽처럼 강했다.

이재명은 사법고시에 합격하고 연수원 생활을 할 때, 당시 변호사였던 노무현을 처음 보았다. 그가 사법연수원 특강 때 강사로 왔던 것인데, 부산에서 인권변호사로 일한 경험을 연수생들에게 생생하게 들려주었다. 열정적인 강의였고, 연수생들은 힘없는 서민들이 어떤 고통을 겪고 있는지 그 체험담을 통해 뼈저리게 느낄 수 있었다.

특히 이재명은 어린 시절 공장 노동자 생활을 하면서 서민들의 아픔과 눈물과 생활의 고통을 직접 체험했기 때문에 노무현의 인권변호사 경험담이 더욱 심금을 울려주었다. 가슴에 찌르르 전기가 통하는 것 같은 느낌을 강의 도중 여러 번 받았다. 그것은 감동을 넘어선 전기 충격과도 같은 새로운 깨달음이었다.

사법연수원 시절 이재명은 동기생들과 함께 '노동법학회', '기본권학회' 등의 동호인 모임 활동을 했다. 그러면서 인권에 대한 깊은 관심을 갖고 관련 책자들을 적극적으로 찾아서 읽었는데, 그런 이론보다 강사 노무현의 생생한 체험담이 더 큰 감화로 그의 가슴을 울려주었던 것이다.

이때 이재명은 마음속으로 "나도 가난한 서민을 돕는 인권변호사가 되겠다!"라고 부르짖었다. 그는 너무 감동한 나머지 먹먹한 가슴이 되어 강연이 끝난 후에도 자리에서 일어날 수가 없었다.

그로부터 오랜 세월이 흐른 후의 일이지만, 노무현은 한국 최초의 '서민 대통령'이 되었다. 그리고 사후에 그의 인권변호사 시절을 다룬 〈변호인〉이란 영화가 공전의 히트를 쳤다. 이재명은 그 영화를 보면서 가난한 서민들이 기득권층의 강자들에게 어떻게 매도당하고 착취당하고 설움을 겪는지 다시금 느꼈고, 자신도 모르는 사이 눈물을 흘리지 않을 수 없었다.

아무튼 노무현의 사법연수원 특강을 들은 이후 이재명은 그 자신도 '인권변호사'가 되기로 굳게 마음먹었다. 연수원 동호 모임인 '노동법학회' 회원들 모두가 노무현의 열정적인 강의를 듣고 감동한 나머지, 연수원 졸업 후 각자 자신의 생활 근거지로 돌아가 인권변호사가 되자고 단단히 약속하기까지 했다.

이때 이재명은 '억강부약(抑强扶弱)'이란 사자성어를 떠올렸다. 『삼국지(三國志)』 위지(魏志)에 나오는 말로, '강한 자는 누르고 약한 자를 돕는다'라는 뜻이었다. 그는 이 말의 진의가 앞으로 자신이 나아가야 할 방향의 지시등 같다고 생각했다. 상대원공단에서 그가 공원 생활을 할 때 공장 간부가 되려면 적어도 고등학교를 졸업해야 한다고 생각해 검정고시 공부를 한 것도, 따지고 보면 '억강부약'을 실천하기 위한 것이었다. 대학 입시나 사법고시 시험 역시 그런 정신으로 자신의 인생을 설계해 나가기 위한 불철주야의 노력이었다.

사법연수원 2년 차가 되면서 이재명은 현장 실습을 나가게 되어 있었다. 판사 · 검사 · 변호사 시보로 각기 3개월씩 실제 현장에 나가 체험을 익히는 기간이었다. 실습 현장은 연수생이 직접 선택할 수 있었다.

이재명은 가장 먼저 변호사 사무실 실습을 나가게 되었는데, 장차 인권변호사가 되기 위하여 조영래 변호사 사무실을 선택했다. 당시 조영래 변호사는 1986년 부천경찰서 성고문 시국사건 변호를 맡아 고문 경찰관을 처벌받게 하였으며, 『전태일 평전』도 쓴 한국 인권변호사를 대표하는 유명인사였다. 그곳에서 이재명은 조영래 변호사로부터 "진실은 반드시 승리한다"라는 말을 듣고, 가슴 깊이 아로새겼다. 격언 같지만, 그것은 인권변호사가 믿음을 갖고 끝까지 약자를 위해 강자들과 싸우며 지켜야 할 큰 덕목이었던 것이다.

그다음 판사 시보 실습 때 이재명은 자신이 청소년기에 자라난 곳인 성남시를 택해 성남지원에서 근무했다. 이때의 경험을 통해 그는 자신의 성격상 판사는 맞지 않는다고 생각했다. 마지막 현장 실습은 그가 태어난 고향인 안동으로 내려가 안동지청에 3개월간 검사 시보로 근무했다. 당시 안동지청장 이동근은 그에게 검사 체질에 딱 맞는다고 말했다.

그러나 연수원을 졸업한 후인 1990년 초에 이재명은 성남시에 인권변호사 사무실을 차렸다. 그는 사법연수원 졸업 성적이 충분히 판검사를 지원할 수 있을 정도로 우수하였으나 동호인 모임 동료들과의 약속을 지켰다. 판검사가 되길 원하는 어머니에게 본의 아니게 거짓말을 하면서까지 그는 인권변호사로 나서기를 고집했던 것이다. 나중에 그가 성남시장이 된 이후의 일이지만, 어머니에게 사법연수원의 성적이 판검사 지원도 충분할 정도였으나 속였다고 고백한 바 있었다. 그때 어머니는 웃으면서 이미 아들의 눈빛을 보고 그것이 거짓말임을 다 짐작하고 있었다고 했다.

아무튼 이재명을 인권변호사로 이끈 정신적 멘토는 노무현 대통령과 천정배 의원, 그리고 조영래 변호사였다. 변호사 시절 노무현이 사법연수원 특별강연 초청 강사로 만난 인연이 있어 개인적으로 큰 감동을 받았고, 천정배가 사법고시 선배로서 연수원 성적 3등을 하고도 당시 군부독재 정권이 주는 판사 임명장은 받지 않겠다며 의연하게 변호사의 길로 나간 것에 또한 감화를 받은 바 있었다. 조영래는 진실의 힘을 역설한 인권변호사 대선배였다.

물론 이재명 역시 인권변호사의 삶이란 것이 법조인으로서는 매우 험난한 여정이란 것을 잘 알고 있었다. 그러나 인권변호사로서 격렬하게 사회운동을 하면서도 꿋꿋하게 견뎌낸 훌륭한 선배들에게서 그는 큰 용기를 얻었다.

1994년 무렵 때마침 서울에서 참여연대가 결성되었고, 성남시에서는 '성남시민모임'이란 단체가 만들어졌다. 인권변호사 이재명은 이 단체에서 활동하면서 시민운동에 열성을 다하였다. 이 단체는 나중에 '성남참여연대'로 명칭을 바꾸어 성남시에서도 서울의 참여연대와 같은 활동을 보다 적극적이고 체계적으로 펼쳐 나갈 수 있었다.

시민운동을 할 당시 이재명은 밤낮없이 뛰었다. 아침 7시에 출근하여 낮에는 변호사 사무실에서 바쁜 업무를 수행하였고, 밤에는 성남참여연대 사무실에서 각종 현안에 대한 회의를 하는 등 새벽 2시까지 일하고 집에 들어갔다. 하루 5시간 잠을 자고 일한 셈이었다. 주말에는 가족들과 함께 쉬고 싶었으나 시민운동의 경우 토요일과 일요일에 각종 행사가 많아서 더 바쁜 일정을 소화해내야만 했다.

성남시에서 시민운동을 하면서 이재명은 뜻하지 않은 일로 억울하게 구치소에 수감된 적도 있었다. 2002년 지자체 선거를 앞둔 어느 날, 그는 졸지에 '파크뷰 특혜분양 사건'에 휘말려 피의자 신분이 되었던 것이다.

파크뷰 특혜분양 사건은 성남시민모임이 1999년부터 분당 백

궁 · 정자지구의 용지변경과정에 대한 의혹을 제기하고 반대 운동을 벌여오면서 그 실체가 조금씩 드러나기 시작했다. 인권변호사로 시민 운동에 적극 참여했던 이재명은 이 사건을 면밀히 검토하는 과정에서 정관계를 포함하여 검사와 언론사 기자들까지 관계된 정경유착의 대규모 권력형 비리 사건임을 간파하였다. 원래 상업지였던 것을 주거지로 용도 변경하여 주상복합아파트를 짓기 위해, 당시 공권력을 행사하여 건설업자를 도와준 관련자들에게 특혜분양을 한 것이 드러났다. 중심상업지구는 인근 지역 시민들의 경제 활동 편의를 제공하는 시설들이 들어서야 할 자리인데, 용도를 변경하여 아파트를 지을 수 있도록 해준 정관계 실세들에게 특혜분양을 해줌으로써 시민들이 큰 피해를 보게 된 대표적인 사건이었다.

이재명이 판단하기에 특혜분양을 받은 이해 관계자들은 강자였고, 그들에게 상업지를 빼앗긴 시민들은 약자였다. 이때 그는 연수원 시절 당시 변호사였던 노무현의 강의를 들으며 '억강부약'이란 사자성어를 떠올렸던 것처럼, 인권변호사로서 마땅히 해야 할 일을 찾았다고 생각했다. 그와 동시에 "진실은 반드시 승리한다"라는 인권변호사 조영래의 말도 그에게 큰 힘을 실어주었다.

파크뷰 특혜분양 사건이 마침내 수면 위로 떠오른 것은, 2000년 5월 시민들의 여론조사까지 조작하면서 성남시가 드디어 분당구 백

궁·정자지구를 중심상업지구에서 아파트 단지로 용도 변경을 해준 직후였다. 이재명은 성남시민모임 회원들과 함께 상업지를 주거지로 용도 변경한 것이 엄청난 이권이 걸린 부당한 조치라며, 그동안 조사한 내용을 가지고 급히 유인물을 만들어 성남시 전역에 뿌렸다. 뿐만 아니라 국민 모두가 알아야 할 대표적인 강자들의 이권 사업이란 것을 알리기 위하여, 전국적으로 많은 사람들이 이용하는 서울역과 강남터미널에서도 유인물을 나누어주었다. 약자로서 강자를 억누를 수 있는 유일한 방법은 될 수 있으면 많은 사람들에게 알려 원군을 확보하는 것이었다. 그래서 언론에서 크게 관심을 가져주길 바라는 마음도 가지고 있었다.

강자와 약자의 싸움은 시작되었다. 강자는 돈과 권력을 앞세우지만, 약자는 오직 정의와 용기밖에 없었다. 강자 측에서 먼저 들고 나온 것은 돈이었다. 그들은 돈이야말로 그 누구의 입도 틀어막을 수 있는 튼튼한 자물쇠라고 생각한 모양이었다. 어느 날인가 사업을 하는 사람 하나가 이재명을 찾아와, 20억 원을 투자할 테니 지역신문을 만들어보라고 권유했다. 조건은 파크뷰 특혜분양 사건에 관여하지 말아달라는 것이었다. 이재명이 일언지하에 거절하자, 반대 세력은 허위사실을 유포해 음해공작을 하기 시작했다. 그들은 맞불 작전을 펴서 임의로 조작한 거짓 내용이 실린 유인물을 뿌리고, 변호사 사무실 앞에 몰려와서 농성을 하기도 했다. 이때 농성을 한 사람들은 당시 성남 시장이 활동비를 지원해 일당을 받고 온 데모대였다.

이재명은 그런 음해공작에 조금도 흔들리지 않았다. 인내하며 견디면 언젠가는 진실이 이긴다는 것을 알고 있었기 때문이다. 어느 날엔가는 어디서 왔는지도 모를 협박 전화가 걸려와 가족들까지 벌벌 떨 지경이 되자, 그는 가스총을 구입해 보란 듯이 주머니가 불룩하게 나올 정도로 넣고 다녔다. 그것도 기득권자들을 향한 일종의 시위였다.

그로부터 2년여의 시간이 지나면서 마침내 언론에서도 파크뷰 특혜분양 사건에 관심을 갖게 되었고, KBS '추적60분'에서 담당 PD가 이재명을 인터뷰하자고 찾아왔다. 취재 도중 PD에게 전화가 걸려왔는데, 그 상대가 당시 성남시장이었다. 그를 찾아오기 전에, PD가 먼저 시장에게 전화를 걸었는데 부재중이었던 모양이었다.

아무튼 당시 성남시장이 전화기를 통해 누구냐고 묻자, PD는 짐짓 자신을 수원지점 파크뷰 사건 담당 검사라고 말하면서 특혜분양 사건에 대해 단도직입적으로 묻기 시작했다. 언론사 기자들이나 방송국 PD들이 사실 관계를 파악하기 위해 흔히 그런 속임수까지 쓰나보다 해서 이재명도 그때는 소리 없이 웃고 말았다.

그런데 정작 문제는 '추적 60분'에 파크뷰 특혜분양 사건에 대한 이재명의 인터뷰 장면이 나가고 나서였다. 인터뷰 중간에 성남시장의 전화 내용도 녹취되어 방송에 그대로 나갔다.

바로 방송이 나간 다음날이었다. 성남시장이 이재명에게 전화를 걸어와, 인터뷰 당시 PD를 시켜 검사를 사칭하라고 사주하지 않았느냐며 벌컥 화를 내는 것이었다. 때마침 그 시기는 지자체장 선거를 앞두고 있었는데, 성남시장으로서는 자칫하면 지지표가 떨어져 나갈까 두려웠던 것이다. 그래서 아무 죄도 없는 그를 고소함으로써 방송에 나간 내용이 검사를 사칭한 PD의 협박에 의한 것임을 밝히려고 했다.

만약 PD가 성남시장의 요구대로 이재명의 사주에 따라 검사를 사칭했다고 거짓 증언을 할 경우, 그는 꼼짝없이 구속될 위기에 처했다. 그는 급히 PD에게 전화를 걸어 검찰에서 부르면 사실대로 대답해 달라고 부탁했다. 그렇게 하겠다고 대답해서 안심했으나, 그가 검찰에 출두하기 전에 다시 확인을 받기 위해 PD에게 전화를 걸었더니 받지 않았다. 난처한 입장에 처하게 되자 PD는 일부러 그의 전화를 회피했던 것이다. 그때 마침 KBS의 다른 사람이 그에게 전화를 걸어와, 사건이 불리한 쪽으로 전개되고 있는 것 같다고 살짝 귀띔을 해주었다.

검찰에 출두하면 곧바로 구속될 것이란 판단이 서자 이재명은 일단 피하고 보기로 했다. 그가 검사 시보를 할 때 겪어본 바로는 구치소에 수감되면 아무런 대외 활동도 하지 못하므로, 그동안 자신이 성남시민모임 회원들과 파크뷰 특혜분양 사건에 대해 벌여온 시민운동이 말짱 물거품이 될 수 있다고 생각했다. 인권변호사인 그가 없으면 더 이상 시민운동을 전개하지 못할 것이므로, 숨어서라도 전화나 다른 연락망을 통해 사건을 파헤치는 일에 몰두하기로 했다.

이재명은 강원도로 가서 며칠 동안 숨어 있다가 경찰의 추적망이 좁혀오는 것을 알고 다시 돌아왔다. 알고 보니 KBS의 '추적 60분' PD는 검찰에 출두해 조사를 받은 후 벌금 얼마인가를 물고 나온 상태였다. 결국 이재명도 성남경찰서로 직접 찾아가 자수를 하였고, 구속된 지 11일 만에 150만 원 벌금형을 받고 구치소에서 나왔다. 아무 죄도 없는데 벌금형을 받은 것이 억울했지만 그는 사실관계를 증명할 방도를 찾지 못했다. 더구나 빨리 구치소에서 풀려나 파크뷰 특혜분양 사건 의혹을 푸는 것이 급선무라고 생각했다.

파크뷰 특혜분양 사건은 성남시와 경기도, 그리고 정권 실세가 어우러진 권력형 비리 의혹이다. 파크뷰 아파트 건설사 회장이 전방위로 로비스트들을 동원해 금품을 주고 용도 변경을 해 거액의 부당이익을 챙기려고 한 사건이다. 이들 건설사 이해 당사자들과 성남시와 경기도의 관계자들은 금품 제공과 수수 등의 혐의로 사법처리가 되었다.

당시 성남시장도 구속되어 경쟁자가 없어지는 바람에 지자체 선거에서 이대엽 후보가 당선되었지만, 민선 4기 시장이 된 그는 임기

중 성남시청 호화청사 건설 논란에 휩싸여 여론의 역풍을 맞았다. 바로 뒤를 이어 이재명이 2010년 민선 5기 성남시장으로 당선되었는데, 이것은 "진실은 반드시 승리한다"라는 진리와 '억강부약'의 정의로움을 그 스스로가 확인시켜준 결과라고 할 수 있다.

성남시장이 되고 나서 이재명은 '억강부약'을 정치행정의 정신으로 삼아 가난하고 힘이 약한 사람들을 돕고, 돈이나 권력을 가진 기득권자들의 이권을 둘러싼 병폐는 강하게 대처해 나갔다. 처음 인권변호사로서 파크뷰 특혜분양 사건을 파헤친 것은 이러한 '억강부약'의 정신을 판단의 기준으로 삼았던 대표적인 사례라고 할 수 있다.

공익 구현이 정치행정의 본질이다

'공익'이니 '공공'이니 하는 말이 귀에 익숙해진 것은 민주주의 정치가 시작되면서부터였다. '공익사업', '공공주택', '공공근로' 등등 '공'자가 들어가는 정치 행정 관련 언어가 결코 낯설지 않다. 원래 한자 '공(公)'은 '팔(八)' 자와 '구(口)' 자를 합한 것으로, '八'의 '나눈다'와 '口'의 '물건'을 뜻하는 글자가 더해져 '공평하게 나눈다'라는 의미로 쓰인다. 이는 민주정치에서 국민의 혈세로 집행하는 정치행정이 공공의 일이나 이익에 목적을 두고 있을 때 시도 때도 없이 등장하는 언어들이다.

그런데 그 공익이니 공공이니 하는 말의 허울을 쓰고 자행되어온 발자취를 더듬어보면 쓸쓸한 뒷맛을 남긴 일들이 많았다. 공익은 겉모습이고 일부 기득권층의 자본과 권력 실세가 결합된 '사익(私益)'이

단물을 쏙쏙 빼먹어 일반 국민들은 쓴물만 삼키는 결과를 초래하곤 했던 것이다. '공익사업'은 그것을 시행하는 사업주들의 주머니를 챙겨주는 꽃놀이패 역할을, '공공주택'은 국민의 세금으로 월급을 받는 흔히 '공'자가 붙은 사람들과 그 친인척 및 관계자들에게 안방을 차지하도록 해주었으며, 또한 공공근로에는 서민 노동자들의 뒤에서 조종간 역할을 하며 소개비를 받아 챙겨 병아리 간을 내먹는 흡혈귀 같은 세력들이 들러붙게 마련이었다.

오늘날 국민의 세금으로 세운 공기업들을 살펴보면, 그것이 국민 전체의 이득을 위한 기업인지 아니면 '그들만의 축제'를 위한 잔칫상인지 모를 정도로 변질되어 있다. 바로 최근 그 변질된 모습을 적나라하게 보여주는 것이 'LH(한국토지주택공사) 사건'이다. 부동산 투기를 막고 공공의 안정된 잠자리와 생활공간을 마련하는 데 힘써야 할 공기업 직원들이 자신들만이 아는 정보를 이용하고 직권을 남용하여 개발예정지 토지를 헐값에 사들여 수십 배 이득을 남기고 파는 행태는 비단 어제오늘만의 일이 아니다. LH 직원들의 부동산 투기 실태가 만천하에 공개됐지만, 지금까지 드러난 모습은 빙산의 일각으로, 깊은 바다에 사는 고래나 상어가 어쩌다 백사장에 모습을 드러낸 채 누워 있는 것에 지나지 않는다. 공기업 투기의 거대한 몸통들은 바다 깊이 숨어 포만한 배를 드리운 채 조용히 숨 고르기를 하면서 사태의 추이를 관망하고 있다. 공기업에서 근무하고 정년퇴직하는 사람들의 퇴직금을 보면 일반 대기업 임원 저리 가라고 할 정도로 높다. 이러한 사례 하나만 보더라도 과연 공기업을 운영하여 축적해놓은 이득이 공공의 혜택으로 돌아가고 있는지 의문스럽다.

최근 'LH 사태'를 보고 국민들이 분노하는 것은 당연하다. 그러나 유사 이래 공기업 행태가 폭로될 때마다 경찰과 검찰이 수사에 나서고 법적 조치를 취한다면서 야단법석을 떨지만, 시간이 지나도 고래의 기관을 움직이는 실세는 잡지 못하고 그저 지리멸렬되기 일쑤다. 다른 큰 사건이 터져 국민들의 관심이 그쪽으로 쏠리는 때를 기다려 은근슬쩍 지느러미나 꼬리의 일부를 잘라내는 것으로 사건을 마무리해버리는 사례가 적지 않다.

왜 이런 결과가 나오는 것일까, 곰곰히 생각해 볼 필요가 있다. 왜 대형 사건인데 불구하고 몸통은 없고 꼬리만 있는가, 눈을 켜고 의심의 잣대를 대봐야 한다. 언제나 대형 사건에는 자본과 권력을 쥔 기득권 세력이 조종간 역할을 하고 있다. 그들을 잡아넣어야 하는데, 한국의 법치주의도 거대자본과 권력 실세의 힘에 눌려 그저 도마뱀의 꼬리 자르기 전략을 도용하고 마는 것이다.

국민들은 분노한다. 그러나 그 분노는 계란으로 바위 치기에 불과할 뿐이다. 어디에 하소연을 해도 오래도록 단단하게 터를 잡고 기득권을 행세해온 바위들은 꿈쩍도 하지 않는다. 분노한 국민들은 할 수 없이 권투경기를 할 때 자신이 지지하는 선수가 KO 펀치를 날릴 때 쾌감을 느끼듯, 대리만족으로 가슴 속 분노의 불을 끌 수밖에 별다른 도리가 없다. 전두환 군부정권 때 프로야구가 생긴 것은 국민의 관심을 스포츠로 돌려 제멋대로 정치를 좌지우지하기 위해서였다. 그들은 대리만족의 효과를 잘 알고 있었던 것이다.

2000년대에 한국 극장가를 풍미했던 영화 시리즈 중에 강우석 감독의 〈공공의 적〉이 있다. 2002년 처음 〈공공의 적〉이 개봉된 이후 2006년에 〈공공의 적 2〉가, 그리고 2008년에 〈공공의 적 1-1〉이 개봉되어 연달아 히트를 치면서 영화 팬들에게 일종의 대리만족을 시켜주는 역할을 톡톡히 해냈다. 처음 선보인 〈공공의 적〉에서 '강동서 강력반 강철중'이란 세 개의 '강' 자를 강조하며 등장해 꼴통 형사로 일대 활극을 벌이는 역을 맡은 설경구가 〈공공의 적 2〉에서는 형사가 아닌 꼴통 검사로 나온다. 그리고 다시 〈공공의 적 1-1〉에서는 설경구가 꼴통 형사 강철중으로 돌아온다. 모두 세 편이 '공공의 적'이란 이름을 달고 나온 시리즈물인데, 2편의 주인공이 검찰이라 3편에서는 다시 1편의 주인공인 경찰 강철중으로 돌아가 3편이면서 어쩔 수 없이 〈공공의 적 1-1〉로 영화 이름을 바꾼 것으로 보인다.

아무튼 〈공공의 적〉이란 영화 시리즈는 주인공 강철중이 사회 비리를 파헤치는 활극인데, 이를 통하여 관객들에게 대리만족을 시켜주어 인기를 끌었던 것임에 틀림없다. 엄밀히 말하면 폭력 영화다. 그런데 이런 영화를 통하여 사람들은 통쾌해하며 대리만족을 느끼는 것이다. 선거 때는 정당하게 모든 국민이 소중한 한 표를 행사하는 민주국가가 한국이지만, 현실에서는 개인의 능력으로 저항은커녕 접근조차 하기 어려운 기득권층의 권력세력들이 존재한다. 그런 세력들을 상대로 영화 속의 '강'자 세 개 들어가는 '강철중'이라는 인물이 대신 통쾌한 한 방으로 날려 보내 가슴을 시원하게 해준다. 관객들이 이러한 폭력 영화에 열광하는 것은 자신이 한 방 날리고 싶은 것을 영화 속의 주인공이 속 시원하게 해결해주기 때문인데, 이는 한국사회의 비리 현상 중 일면을 보여주는 단적인 예라고 할 수 있다. 즉 한국사회의 '공공'에 대한 간접적인 비판이면서, 매우 상징적인 의미를 부여해주고 있는 영화다.

〈공공의 적 1-1〉의 꼴통 형사 강철중이 건축 · 재개발 업자의 비리를 캐내는 것처럼, '재개발'이 부동산 투기 온상이 된 것은 비단 어제오늘의 일이 아니다. 해방 이후 건설 분야에서 부동산은 불로소득으로 거액의 이득을 챙길 수 있는 가장 손쉬운 투자 방법이었다. 개발이라는 명목으로 거기에 살던 서민들은 쫓겨나고 거대자본을 가진 일부 기득권층이 부동산 투기로 그 땅을 사들여 수십 배의 이득을 챙겼고, 더 시간이 지나가면 그 토지나 건물이 수백 배의 황금알을 낳는 거위로 둔갑하곤 했다.

이러한 '부동산 투기'라는 도깨비방망이는 거대자본과 권력 실세들에게 정경유착의 고리를 형성해주어 부의 세습을 고착화시키는 수단으로 활용되었고, 결국 오늘날 빈익빈 부익부의 사회 불평등 구조를 만들어냈다. 영화〈공공의 적〉시리즈를 보면서 관객들이 대리만족을 느끼는 그 심리의 저변에는 불평등 사회에 대한 불만에서 비롯된 비판과 분노가 숨어 있었던 것이다.

어린 시절부터 가난한 집안에서 자라온 이재명은 상대원공단에서 소년 노동자로 일할 때 사회의 불평등 구조를 뼈저리게 경험한 바 있다. 그리고 인권변호사로 일하면서 억울한 서민들의 대변자가 되어 사회 비리 척결에 앞장을 섰다.

"성남의 경우 본시가지와 신시가지 사이에 도시 간 격차가 크다. 본시가지는 철거민들의 이주단지로 출발해 도시환경이 매우 열악하다. 반면, 분당은 강남 주택 수요를 충족시키기 위해 만든 중상류층 주거지역이어서 계획도시가 갖는 이점들을 잘 구비하고 있다. 성남은 대한민국의 축소판이다. 지역갈등, 계층갈등, 모든 게 다 비슷하게 존재하고 있다."

이재명은 그의 저서 『오직 민주주의, 꼬리를 잡아 몸통을 흔들다』 에서 성남시를 그렇게 진단했다. 같은 성남시지만 원래의 본시가지와 분당의 신시가지는 빈부격차가 심하고, 생활환경이 너무도 달라 불평등의 구조적 모순을 다양한 분야에서 드러내고 있는 도시였던 것이다.

2010년 민선 5기 성남시장에 취임한 이재명은 이러한 불평등 구조의 모순을 극복하기 위한 해결사로 나섰다. 불평등 구조의 사회 속에는 '공공의 적'이 상존하기 마련이었다. 그는 '개발'이란 화려한 애드벌룬 뒤에 가려져 있는 숨은 그림자들의 음모를 적나라하게 파헤쳐 공공의 자산으로 확보하는 것이 유일한 해결 방법이라고 생각했다.

성남시의 '대장동 개발사업'은 바로 그러한 사회 불평등 구조와 맞물려 적나라한 군상들의 그림자가 드리워져 있는, 이른바 사회 비리 측면에서 '대한민국의 축소판'이라 할 수 있는 현장이었다. 대장동은 분당·판교 신도시 사이에서 유일하게 개발제한구역으로 묶여 슬럼화 지역으로 남게 된 곳이었다. 여기에 사는 주민들은 오염 시설인 저유소를 일방적으로 떠맡아 악조건의 생활환경 속에서 희생을 감수하며 살아오고 있었다. 그러다가 2011년부터 도시개발지역으로 지정되어 본격적으로 개발 계획이 논의되기 시작했다. '개발'이란 이름을 걸면 현지에 사는 서민들보다 일단 거대자본을 움직이는 투기세력들이 정치권을 등에 업고 이권 다툼을 벌이게 되어 있었다. 그러다 보니 '개발'이란 이름을 걸고 그 뒤에 운집한 세력들끼리 밀고 당기는 힘겨루기 시합이 벌어졌다. 그 힘이란 바로 돈과 권력이었으며, 그들의 자본과 실세 배경이 승부를 결정짓는 관건이 되곤 했다. 이러한 고질화된 정치 세력과 민간업체의 비리 유착, 투기세력의 개입, 경기침체 등으로 인하여 대장동 개발사업은 쉽게 풀리지 않았고, 개발 과정에서도 장기간 난항을 겪게 되었다.

이때 이재명은 도시개발로 인한 이익이 투기 세력에게 돌아가는 것을 원치 않았다. 성남시민들에게 그 혜택이 돌아가도록 해야만 한다는 것이 그의 행정 원칙이었다. 즉 그는 정치인이 되기로 결심한 순간부터 바람직한 행정은 공익 구현에 있다는 정치관을 모토로 삼고 있었다. 따라서 그는 '공영개발방식'과 '확정이익방식'의 원칙을 내세워 도시개발에 따른 이익을 주민에게 돌아가게 하는 이른바 '개발이익환수제'를 고안해 대장동 개발사업에 적용하기로 했다. 여기에 더하여 그는 새로운 아이디어를 제안했다.

아이디어 창출 기법 중에 '더하기 아니면 빼기를 하라'는 것이 있다. 전자제품의 경우 모든 기능이 한 기기 속에 들어가도록 하거나, 반대로 그 기능을 각기 나누어 여러 제품으로 분산시키되 각 제품에 첨단 기능을 강화시켜 제품의 효과와 성능을 극대화시킴으로써 수요를 창출하곤 한다. 지금도 그러한 시도는 업그레이드되면서 지속적으로 전자산업을 발전시키는 키워드 역할을 하고 있다.

이재명이 새롭게 고안해낸 도시개발 방법은 '결합도시'였다. 이것은 바로 서로 다른 두 지역을 하나로 결합하여 지역균형발전을 도모하고, 지역주민에게 개발 효과가 최대한 돌아갈 수 있도록 하는 새로운 개념의 도시개발 사업 방식이었다. 전혀 다른 두 기능을 하나로 결합해 시너지 효과를 극대화하는 전자기술의 테크닉이 바로 도시개발 사업에도 적용된 것이다.

대장동 지역의 개발구간은 27만여 평에 달하고, 바로 그 인근의 제1공단 지역은 2만여 평 규모였다. 대장동 개발사업만 추진할 경우 새롭게 생기는 신도시 인근인 바로 옆의 제1공단 부지는 여전히 폐허 상태로 남게 되어 근린생활에 악영향을 미칠 수 있었다. 그러나 만약 대장동 개발사업으로 얻어지는 이익금을 제1공단 부지의 공원화 사업에 투자한다면 일거양득의 효과를 노릴 수 있게 된다. 이렇게 두 지역을 공동으로 개발한다는 점에서는 아이디어 창출의 '더하기' 방법을 적용하는 것이고, 대장동 개발 이익금을 빼내어 제1공단 부지를 공원화하는 일은 '빼기'의 기법이다. '더하기 아니면 빼기'의 두 가지 방법이 동시에 적용된 것이 바로 '결합도시개발'이란 새로운 방식의 개발사업이었던 것이다.

공원화 사업의 가장 큰 난점은 투자비용이 만만치 않게 든다는 점이었다. 대장동 지역에는 5,800세대의 신거주지가 들어서게 되어 있으므로, 거기에서 얻게 되는 개발 이익금 약 2,200억 원 규모를 제1공단 지역의 공원화 사업에 투자한다면 성남시민의 새로운 휴양·문화 공간이 생기게 된다. 이렇게 되면 개발 이익금이 사업자와 권력 실세의 기득권층 차지가 아닌 성남시민에게 돌아가게 할 수 있는 것이다. 바로 '공공'의 이득이 되는 셈이다.

이재명은 민선 5기 지자체 선거에서 성남시장 후보로 나서면서 "돈 버는 시장이 되겠다"고 공개선언을 한 바 있다. 시장은 돈을 잘 쓰는 것도 중요하지만, 시정을 위한 재정확보를 하는 일이 무엇보다 우선되는 과제였다. 그는 시의 행정을 펼치면서 재정확보의 가장 대표적인 방법이 개발이익의 환수라고 판단했다. 논밭이나 임야의 용도가 택지나 업무용지로 변경되면 토지 가격의 상승으로 엄청난 개발이익이 생기는데, 이것을 특정 개인이나 기업의 소득이 아닌 시민에게 그 혜택이 돌아가도록 해야 한다는 것이다.

'결합도시개발'이라는 새로운 도시개발 사업 방식을 내세웠을 때 일부 기득권층에서는 반발이 심했다. 제1공단 지역을 공원화할 것이 아니라 아파트를 지어 분양하거나 주상복합을 만들어 성남의 지역경제를 발전시키자는 주장이 끊임없이 제기되었던 것이다. 그러나 그러한 주장들은 과거형 개발정책에서 단 한 발짝도 벗어나지 못한 구태의적인 발상이고, 결과적으로 일부 기득권층에게 개발이익을 가져다주는 부동산 투기의 전철을 밟자는 것으로 볼 수밖에 없었다. 그렇게 되면 개발 이후 교통체증은 물론이거니와 근린공원이 없어 공기 오염까지 심각해지는 결과를 낳을 수 있었다.

사실상 대장동 개발사업은 이재명 이전의 시장 당시 민간에게 사업 일체를 맡기는 것으로 결정되어 있었다. 원래는 LH에 의해 공영개발로 추진하려던 사업인데, 당시 공기업이 도시개발에 참여하는 것에 대해 민간업자들의 불만이 거세게 제기되었다. 결국 거대자본을 가진 기업과 권력 실세들의 배경에 밀려 2010년에 LH는 사업을 포기하였다. 이 과정에서 실제로 모 국회의원의 동생이 기업으로부터 뇌물을 받은 사건도 터져 나왔다.

성남시장에 취임하면서 이재명은 이렇게 시끄러운 대장동 개발사업을 개인기업이 아닌 '공영개발'을 통한 건설로 바꾸기로 했다. 그러나 사업주체를 바꾸어 공영개발을 하기 위해서는 일단 조건이 필요했다. 시가 자체적으로 수익사업을 할 수 없으므로 건설 사업을 하는 별도의 도시개발공사를 만들어야만 했던 것이다. 게다가 전 시장 재임 시절 사업 주체를 민간에게 주기로 결정한 것을 바꾼다는 것은 쉬운 일이 아니었다. 특히 성남시의회의 다수를 점하고 있는 당시 새누리당 의원들과 이 문제를 놓고 3년간 의견 다툼을 벌여야만 했다. 민간 업자들의 강력한 입김이 작용하였고, 개발이익을 놓고 정치적 네트워크까지 동원하는 등 방해 공작이 만만치 않았던 것이다.

도시개발공사를 만드는 것을 반대하는 사람들의 한결같은 주장은 "시는 세금으로 행정력을 펼치는 것이지 돈을 벌면 안 된다. 돈은 민간인이 버는 것이다"라는 것이었다. 이재명은 그들의 방해 공작이나 압력에 조금도 굴하지 않았다. 그는 성남시장 후보 시절 "돈 버는 시장이 되겠다"라고 약속을 했으므로, 그렇게 번 돈을 시민들에게 돌려주는 것이 공약을 제대로 수행하는 일이라고 굳게 믿었기 때문이다.

이재명은 자신의 페이스북에서도 부동산의 폐해에 대해 다음과 같이 피력한 바 있다.

"대한민국의 성장을 가로막는 가장 큰 문제는 부동산 불로소득입니다. 불공정·불평등·불합리의 산물이자 불균형의 근본적 원인입니다. 부동산 공화국을 탈피하고 불로소득을 최소화하는 것은 지체할 수 없는 시대적 과제입니다."

이와 같이 확고한 정치철학으로 무장한 이재명은 많은 민간 사업자과 권력 실세들의 압력에도 불구하고 부동산 불로소득의 불합리를 시정하는 것을 목표로 강력하게 도시개발공사 설립을 관철시켜 나갔다.

2014년 1월 이재명은 성남시에서 100% 출자한 공기업으로 성남도시개발공사를 정식 출범시켰다. 그리고 2015년 성남도시개발공사가 대주주로 참여한 성남의뜰(주)을 사업시행자로 지정해 대장동 개발사업의 박차를 가하게 되었다. 정식 명칭은 '성남판교대장도시개발사업'이었다. 이 사업에서 공공으로 환원되는 시설과 용지 등의 환수금 총액은 약 5,503억 원이었다. 이 금액 중에서 제1공단 공원 조성사업비로 2,761억 원이 투입되고, 나머지는 대장동 북측 터널과 남측 진입로 및 배수지 공사비 등에 배정되었다.

이렇게 사업이 시작되기까지 이재명은 많은 민원과 방해 공작과 유혹에 시달려야만 했다. 그는 어느 언론 인터뷰에서 "돌아가신 아버지 친구분, 초등학교 친구, 정치인까지 제가 아는 인맥이란 인맥을 총동원해 민간개발을 하게 해달라고 하면서 뇌물을 건네는 다양한 방법까지 제시하는 등 상상을 초월한 어려움이 있었다"라고 말했다.

이재명의 수난은 거기에서 그치지 않았다. 경기도지사 후보로 선거전을 치르던 2018년 6·3지방선거 당시 대장동 개발사업의 이익금 5,503억 원을 시민의 몫으로 환수했다는 선거공보물을 두고, 검찰은 허위사실 공표 혐의를 걸어 법원에 기소했다. 당시 대장동 택지개발사업은 완공되지 않은 상태라 엄밀하게 말하면 개발 이익금이 전혀 환수되지 않았으므로 명백한 허위사실 유포라는 게 고발의 취지였다. 이에 대하여 법원은 상·하급심에서 모두 '허위'가 아니라는 사실에 손을 들어주어 무죄로 판결을 내렸다.

결국 이재명의 공익 구현을 위한 정치행정의 대표적 사례가 된 대장동 개발사업이 아직 완료 단계에 이르지 못했지만, 법원에서 그 실효적 가치를 인정해 주었던 것이다. 그의 이러한 정치적 판단력은 바로 공익에 가치를 둔 마음 바탕에서 비롯되었다고 할 수 있다.

이 같은 대장동 택지개발사업의 예만 보더라도 공익 구현에는 많은 어려움이 뒤따른다는 것을 알 수 있다. 사익에 눈이 어두운 기득권 세력들이 공익 구현을 하려는 정의로운 정치인과 서민들을 압박하여 온갖 수단과 방법의 동원으로 방해 공작을 일삼기 때문인데, 이는 아주 오래된 대한민국의 병폐로 당장 수술을 해야만 할 사회적 암 덩어리와 같은 것이다. 병에 걸린 사람들이 명의(名醫)를 찾듯, 국민들은 정치 분야에서 '판단력'이라는 진단과 '추진력'이라는 수술을 통하여 사회 고질병을 치료할 공공의 리더를 요구한다. 이재명은 그 충분한 자격을 갖추고 있다.

제2장

인내력

회피할 수 없는 뼈아픈 결단

"저는 어떤 현안에 대해 말을 하거나 결정을 할 때 최악의 경우까지 미리 다 계산합니다. 신중하게 준비하고 한번 시행을 하면 반드시 마무리까지 깔끔하게 하죠."

경기도지사 이재명이 대법원 무죄 취지 선고를 받고 나서 어느 언론 인터뷰 자리에서 한 말이다. 그가 말하는 최악의 경우란 바로 자신이 겪은 법정투쟁과도 같은 그런 것을 의미한다고 볼 수 있다.

지방자치단체장은 바쁜 일정을 소화해내야 한다. 각 부처에서 올라오는 업무 보고서가 책상 위에 가득 쌓이고, 민원 또한 만만찮게 제기된다. 거의 매일 쌓이는 일에 과부하가 걸릴 정도지만, 그때그때마다 지자체장이 현안을 판단하고 결정해 주어야 자치단체의 행정처리가 순탄하게 진행된다.

　정확하면서도 빠른 판단은 지방자치단체장의 능력과 직결되는 문제인 것이다. 이재명은 2010년 제5대 성남시장에 당선되고 나서 그 스스로를 '머슴'이라고 강조했다. 그의 '머슴론'은 공직자로서 마땅히 지켜야 할 태도를 잘 보여주는 '봉사 철학'이다.

　"선거란 우리가 지배해줄 왕을 뽑는 것이 아니라 우리를 대신해 공동체의 문제를 해결해줄 머슴을 뽑는 일입니다. 면서기도 시장도 대통령도 공무원일 뿐이고, 공무원은 국민에 대해 봉사를 하는 '머슴'입니다."

　이재명은 헌법에 명시된 대로 '공무원은 국민에 대한 봉사자'라는 말을 신봉한다. 따라서 지방자치단체장으로서 그의 행정적인 모든 처리는 국민통합에 최우선적 가치를 부여하는 데 모아지고 있다.

　원래 행정은 불편부당의 원칙을 적용해야 하는데, 민원의 경우 일부 기득권 세력의 이득을 위주로 한 억지에 가까운 청구가 많다. 어떤 사건이 발생했을 때 "목소리 큰 사람이 이긴다"라는 속설이 있을 만큼, 우리 사회는 집단 이기주의와 재력 또는 권력을 가진 사람들의 힘과 주장에 압박을 받거나 강요당해 왔다. 특히 그들의 목소리와 힘의 논리에 편승하여 은근슬쩍 눈감아주고 넘어가는 것이 행정편의주의에 물든 공무원들 사이에서도 관례처럼 인식되고 있다. 그래야 서로 이득이 되고 편하기 때문이다.

이처럼 오래도록 '관행'이란 편의주의에 길든 사회 인식은 대다수의 국민들에게 큰 불편과 손해를 끼쳐왔다. 우리말에 "세 살 버릇 여든까지 간다"라는 말이 있듯이, 관행이란 버릇처럼 무서운 것이다. 정의의 잣대로 무너뜨리고 싶어도 쉽게 사라지지 않고, 마치 두엄자리의 독버섯처럼 어느새 틈새를 비집고 비리의 얼굴을 내민다. 집단 이기주의에 편승한 기득권 세력들은 그만큼 단단하게 결집되어 있어, 아무리 정의를 내세워도 말꼬리를 물고 늘어지고 감히 '국민'까지 들먹이며 반대를 위한 반대를 일삼는다. 이때의 '국민'은 일반 서민이 아닌 그들과 친연 관계가 있는 이해 당사자들이다. 그들의 친구들은 또 있다. 기득권 세력의 대변인 내지 확성기 역할을 하는 보수 언론들로, 집단이기주의에 맞장구를 치면서 여론을 형성해 정의에 대한 파상공격을 감행한다. 사시에 '불편부당'과도 같은 의미의 거창한 정론을 보란 듯이 내걸어놓고도, 그들 언론은 일부 기득권 세력의 편을 옹호하는 것이다. 기사도 기득권 세력 편향 일색이고, 논설도 대놓고 같은 논조의 동어반복 일색이다. 이것은 일종의 세뇌 교육과도 같은 효과를 거두어, 독자들도 나중에는 그것을 진실 내지는 사회의 중론으로 인식하게 되는 것이다.

감자의 줄기를 뽑으면 한꺼번에 여러 갈래의 뿌리에 주렁주렁 매달린 감자알들이 지상으로 모습을 드러낸다. 기득권 세력들은 돈과 권력, 친인척 관계로 복잡하게 얽혀 있다. 그래서 간혹 감자의 줄기를 뽑듯 어떤 사건 하나를 추적하게 되면 감자알처럼 우르르 딸려 올라오게 된다. 특히 비리는 권력 실세들과 가장 가까운 곳에서부터 줄줄이 연결되어 향맥(鄕脈)과 학맥(學脈), 사돈의 팔촌까지 감자 줄기처럼 얽혀 있다. 그래서 범접하기 어려울 정도로 배경이 든든한 실세가 관련된 사건일 경우 도마뱀의 꼬리를 자르듯 두루뭉수리로 해결하고 급히 덮어버린다. 이른바 광주민주화운동 당시 분명히 몸통은 있는데 정작 '발포명령권자'가 없는 것처럼 미해결로 남는 경우가 허다한 것이다.

정치인이 공정한 행정을 수행하기 위해서는 가장 가까운 사이의 청탁부터 일도양단하듯 끊어야 한다. 그래야 비리의 온상에서 벗어날 수 있다. 피를 나눈 형제도 예외가 있을 수 없다. 그래서 원칙을 지킬 경우 가족이 원수로 변하는 사례도 없지 않아 있다.

공직자의 '머슴론'을 주장하는 이재명도 예외 없이 그런 청탁 문제로 가족과 악연의 관계가 되는 아픔을 겪었다. 지방자치단체장으로서 행정적 판단을 내릴 때 가장 어려운 것은 자신과 가장 가까이 있는 친지들이나 이해당사자들의 부탁을 거절해야 할 때다. 특히 피를 나눈 가족의 경우 자칫 의를 상하게 되어 가정의 평화까지 깨지는 '최악의 경우'를 맞을 수도 있다.

이재명의 경우 처음 성남시장이 되고 나서 가장 힘들었던 결단은 셋째 형인 공인회계사 이재선의 청탁을 거절하는 것이었다. 그의 형제들은 어린 시절부터 가난했기 때문에 학업을 초등학교나 중학교 졸업에서 멈췄지만, 대학을 졸업한 두 사람의 경우만 보더라도 머리는 거의 수재형에 가까웠다.

먼저 대학에 진학한 것은 이재명이었다. 그는 당시 대학에서 4년 동안 전액 장학금을 주고 매달 생활보조금까지 지급하는 파격적인 특별장학생 모집 제도가 있다는 것을 알고, 공장 생활을 해오다가 갑자기 대학에 가게 되었다. 당시 대학입학 학력고사를 치러 전국 순위 2000명 안에 들면, 국립대학을 빼고 어느 대학이든 자기가 원하는 대학에 특별장학생으로 입학할 수 있었던 것이다.

이재명은 학력고사 전국 순위 2000등 안에 들어 중앙대학교 법학과를 선택했다. 당시 그는 각 대학의 특별장학생 제도를 비교해 본 결과 중앙대학교에서 4년 동안 전액 장학금을 주는 것은 물론 생활보조금도 매달 20만 원씩 지급한다는 파격적인 대우가 마음에 들었기 때문이다. 1982년 당시 대학졸업자의 초봉이 20만 원 정도였으므로,

그는 대학에서 주는 생활보조금을 자신의 생활비로 쓰고도 남아 집에 보태주기까지 했다.

이때 이재명은 문득 바로 위의 형인 이재선을 생각했다. 그보다 나이가 네 살 많은 셋째 형 역시 머리가 명석해서 1년 안에 자신처럼 특별장학생이 되어 대학에 들어갈 수 있으리라 판단했다. 그래서 어느 날 셋째 형을 만난 그는 매월 학원비를 대줄 테니 대학 입시 공부를 하는 것이 어떻겠냐고 제안했다. 중학교 졸업 후 공장에 다니던 셋째 형은 흔쾌히 그 제의를 받아들여 학원에서 공부에 매진한 끝에 1년 만에 역시 고등학교 과정 검정고시에 합격한 후 곧바로 건국대학교 경제학과에 특별장학생으로 입학할 수 있게 되었다.

대학 입시 공부를 할 때 이재명은 학원비를 마련할 길이 없어 야간반에 다니다 그만두고 독서실에서 밤을 새워가며 공부했다. 그에 비하면 셋째 형 이재선은 동생의 학원비 보조 덕에 그래도 마음 편하게 공부를 할 수 있었다. 하지만 불과 1년 만에 검정고시와 대학 입시를 한꺼번에 통과해, 그것도 학력고사 전국 2000등에 들어야만 될 수 있는 특별장학생으로 대학에 갔으니, 그 또한 수재는 수재였다.

이재선은 대학 생활을 하면서 독하게 공부를 하여 재학생 때 그 어려운 공인회계사시험에 합격했다. 이재명이 사법고시 시험에 아직 합격하지 못했을 때였으므로, 어찌되었든 대학입학이 1년 늦었던 셋째 형이 그를 추월한 셈이었다. 물론 사법고시와 공인회계사시험을 대등한 관계로 놓고 볼 수는 없지만, 두 시험 모두 합격하기 어려운 점에서는 '추월'이란 표현이 크게 틀리지 않았다.

이재명은 공인회계사시험에 합격한 셋째 형 이재선을 축하해주면서, 은근히 부러운 마음도 없지 않아 갖고 있었다. 그는 이미 사법고시 시험에서 한 차례 떨어졌기 때문이다.

이처럼 이재선이 일찌감치 대학 재학시절에 공인회계사시험에 합격할 수 있었던 것은, 형으로서 은근히 동생 이재명과의 경쟁 심리 또한 작용했을 것으로 보인다. 이재선의 입장에서 볼 때 우선 동생이 먼저 대학에 들어갔고, 학교에서 나오는 생활보조금을 쪼개 학원비를 대준 덕분에 1년 늦게 자신도 대학생이 되었다. 동생에게 고마워해야 할 일이었지만, 이재선은 다른 한편으로 자존심이 부쩍 상하기도 했을 것이다. 그가 사법고시를 준비하는 동생보다 먼저 공인회계사시험에 합격한 것도, 형으로서 그동안 구겨졌던 자존심을 그런 노력으로 벌충한 결과라고 볼 수 있다.

대학 졸업 후 이재선은 회계사로 일하면서 상당한 부를 축적할 수 있었다. 한편 이재명도 사법고시에 합격해 사법연수원을 거쳐 인권변호사로 활동하였다. 그러던 중 지자체 선거와 총선에서 낙선의 고배를 마신 후, 두 번째 지자체 선거에 도전해 마침내 성남시장에 당선되었다.

　가족으로선 마땅히 이재명의 당선을 축하해줄 만한 일이었으나, 이재선은 입장이 조금 달랐다. 동생보다 1년 늦게 대학생이 되었던 시절을 떠올리면서 또다시 자격지심이 발동했을 가능성이 높다. 그 자신은 그동안 상당한 부를 축적해 부자가 되었지만, 일개 회계사일 뿐이었다. 동생 이재명이 성남시장이 되었으므로, 그는 열등감에 사로잡히지 않을 수 없었을 것이다. 동생이 시장이 된 대신 자신은 사회적으로 존경받는 교수가 되고 싶었다. 일단 부를 축적했지만, 그로서는 명예가 필요했던 것이다.

　이재선은 성남시장이 된 이재명에게 전화를 걸어 자신이 교수가 될 수 있도록 해달라고 부탁했다. 지방자치단체장으로서 얼마든지 대학에 자신을 추천할 수 있지 않겠느냐는 것이지만, 이재명은 피를 나눈 형제의 부탁이라도 뼈아픈 고통을 감수하면서 거절할 수밖에 없었다. 이재선은 대학교수로서의 자격조건도 갖추어져 있지 않았고, 설사 박사학위를 소지하고 있다 하더라도 많은 경쟁자를 뚫고 스스로의 힘으로 교수에 임용되는 것이 정상이었다. 그런데 이재선은 성남시장인 동생 이재명의 직권을 이용해 교수가 되려고 억지를 썼던 것이다.

　시장인 동생 이재명을 등에 업고 출세를 해보려는 이재선의 욕심은 거기에서 그치지 않았다. 그는 성남시장의 비서진들에게 전화를 걸어 말도 안 되는 민원 해결을 요구했고, 시장의 형이라는 관계를 내세워 시청 공무원들의 인사에까지 관여하려고 했다.

비서진으로부터 그와 같은 이야기를 전해 들은 이재명은 앞으로 다시는 형 이재선에게 걸려오는 전화를 곧이곧대로 받아주지 말고, 어쩌다 통화가 되더라도 절대 자신에게 연결하지 말아 달라고 부탁했다. 형제간의 불화가 시작된 것은 바로 그러한 이유 때문이었다.

이재선은 그 이후에도 계속해서 동생 이재명과의 통화를 시도했고, 직접 만나려고 여러 가지 방법을 강구했다. 그러나 이재명은 형과의 통화는 물론 직접 대면하는 것을 애써 피하려고 노력했다. 형을 만나봤자, 그의 부당한 요구를 들어줄 수 없는 일이기 때문이었다.

기회주의자들은 상대의 약점을 노리는 법이다. 이재명은 그동안 기존의 시장들이 기득권층을 옹호해 서로 이득을 나눠온 관행을 깨고 억울한 서민들의 입장에서 시정을 펼쳐 나갔다. 그러자 그를 견제하려는 세력들이 은밀히 공작을 꾸미기 시작했다. 기득권 세력을 등에 업고 국정원 소속의 모 씨가 형 이재선에게 접근하여 그의 열등감을 부추겼다. 당시 집권당이던 새누리당의 성남시 시의원 공천을 받아주 겠는 당의정을 주며, 이재선으로 하여금 동생 이재명의 시정 운영을 방해하도록 사주했던 것이다.

이는 차기 지방자치단체장 선거에서 이재명이 재선되는 것은 막기 위한 당시 집권당인 새누리당의 음모였다. 또한 모처럼 그가 서민 정치를 내세워 서민들의 입장에서 기존의 관행을 타파하고 지극히 정상적인 행정 운용을 하자, 그로 인해 불이익을 당한 기득권 세력들의 반항이기도 했다. 그런 면에서 보면 그들의 농간에 놀아난 이재선도 어쩌면 불행한 희생자일 수 있었다.

욕망이 많은 사람일수록 집착이 강하고, 한번 어느 세계에 빠져들면 그것이 늪인 줄을 알면서도 계속 발버둥을 치면서 그 속으로 끌려들어가는 법이다. 우리나라에서 흔히 수재들이라고 하는 사람들이 일류대학을 나와 권력의 노예가 되면 출세를 위해 물불 안 가리고 불나방처럼 뛰어들다 속수무책의 길로 빠져드는 경우를 간혹 보게 된다. 한때 민주주의를 외치며 운동권에 섰던 사람도 권력의 시녀가 되고 나서 자신의 지지표만 인식하다가 끝내 태극기부대 시위 현장에까지 얼굴을 내밀어, 전에 그의 신의를 믿었던 사람들을 실망시킨 경우도 있었다.

국정원은 이재선의 조종간이 되어 이재명의 정치 행보를 차단하기 위하여 계속 저속한 방법까지 강구하며 악용을 했다. 심지어 한 가족을 불행으로 몰아넣어 파탄시키는 몰염치까지 일삼았다.

한 불행한 가족사가 이미 법정에까지 등장해 대한민국 누구도 모르는 사람이 없을 정도로 매스컴에 알려졌지만, 성남시장 시절 이재명이 형수에게 '쌍욕'을 했다는 사건도 그 배후에는 형 이재선의 조종간 역할을 하는 비밀공작원들이 있었다고 보아야 한다. 자신들의 기득권을 지키기 위해 아주 지저분한 전략으로 한 가정을 불행으로 몰아넣었던 것이다. 그 비밀공작에서 이재선은 하수인에 불과했다.

어떤 수단과 방법을 써도 이재명이 전화를 받거나 만나주지 않자, 이재선은 이제 모친을 이용하기로 했다. 이는 비밀공작원들이 이재명의 약점을 잡기 위한 전략에서 비롯된 일임이 분명하다. 자신을 낳아준 모친에게 아들이 맨 정신으로 그렇게 험악하고 인륜에 어긋난 발언을 할 수는 없는 일이기 때문이다.

2012년 어느 날 갑자기 모친을 찾아간 이재선 부부는 다짜고짜 이재명에게 전화해서 바꿔 달라고 말했다. 모친은 저간의 사정을 다 알기 때문에 일언지하에 거절했다. 그러자 차마 자신을 낳아준 모친에게 하지 못할, 입에 담을 수도 없는 말을 하면서 칼을 들이대고 협박까지 했다. 그것은 글로도 표현하기 수치스러운 반인륜적인 욕설이었다.

결국 모친은 협박에 못 이겨 이재명에게 울먹이는 목소리로 전화를 걸었고, 통화가 되자 그것을 이재선이 재빨리 가로챘다. 제대로 된 대화가 성립될 리 없었다. 서로 의견 다툼만 벌이다 전화가 끊겼다.

심각한 상황을 감지한 이재명은 급히 모친의 집으로 달려갔다. 그러나 모친은 너무 충격을 받아 그길로 병원에 입원할 수밖에 없었다.

화가 난 이재명은 모친을 병원에 모셔가 입원 수속을 밟은 후 셋째 형 이재선에게 전화를 했다. 마침 형이 없었는지 형수가 대신 전화를 받았다. 그는 모친에게 들은 대로 어찌 형과 형수가 그런 모욕적이고 인륜에 어긋난 폭언을 일삼을 수 있느냐며 강력하게 항의했다.

이때 형수의 말이 가관이었다. "그런 고차원적인 철학적 농담도 못하느냐"라는 말에, 이재명은 화가 머리끝까지 치솟았다. 순간, 그의 입에서는 자신도 모르는 사이 막말이 튀어나왔다. 부처님 가운데 토막이라도 그때는 분노를 참지 못했을 것이다. 아무튼 그가 정신없이 말을 쏟아내는 동안, 형수는 몰래 자신의 스마트폰으로 그 욕설을 녹음했다.

그런 난감한 상황 속에서 형수가 이재명의 욕설을 녹음할 수 있었던 것은 미리 준비되어 있지 않으면 취하기 어려운 행동이었다. 이재선의 조종간 역할을 하는 비밀공작원의 사전 음모 작전이 아니면 나올 수 없는 발상이었다.

이재선은 아내로부터 받은 스마트폰의 이재명 욕설 내용을 비밀공작원에게 보냈다. 드디어 이재명의 약점을 잡은 국정원은 그 녹음 내용을 전후 통화내용 빼고 형수에 대한 욕설만 재편집하여 전국적으로 퍼뜨렸다. 기득권 세력과 이재명의 시정에 불만을 품은 사람들은

SNS를 이용해 그 녹음을 마구 퍼 나르기에 바빴다.

법정에 제출한 이재명 가족들의 호소문을 보면 이재선은 벌써 그전부터 이상한 행동을 주기적으로 보였다고 한다. 심지어 자신을 예수나 부처보다 위대하다며, 아무에게나 욕을 하고 폭력을 행사하는 등 조울증과 정신질환 증세를 나타내 정신과 약물치료까지 받았다는 것이다.

이러한 이재선의 조울증은 결국 어느 한 곳에 몰두하면 빠져나오지 못하는 멈출 줄 모르는 욕망의 심리가 극단적으로 표출된 것이라고 판단된다. 그런데 결국 그것은 이재명의 재판에서 계속 문제가 되었던 형 이재선을 정신병원에 강제 입원시키려고 했다는 의혹으로 위장되어, 성남시장으로서의 '직권남용'이 아니냐는 검찰의 주장으로 발전하게 되었던 것이다.

사실상 이재선은 2014년 11월 부인과 딸에 의해 정신병원에 감금되기도 했다. 그는 조울증의 증세가 도져 갑자기 성격이 변하면 가족들을 구타하고 못살게 굴곤 했던 것이다. 졸지에 정신병원에 감금된 이재선은 도무지 그곳에서 견디기 어려워 감시인들 몰래 이재명에게 전화를 걸어 SOS를 청했다. 원래 형 이재선의 전화는 받지 않았는데, 담당 비서가 특별한 경우임을 인식하고 이재명에게 바꾸어주었던 것이다.

전화를 받는 즉시 이재명은 형이 가족들에 의해 강제 입원해 있는 정신병원으로 달려갔다. 그는 성남시장이라는 자신의 명함을 내밀고 신분이 확실하니 형 이재선을 퇴원시켜달라고 했다. 그러나 정신병원 관계자는 환자를 입원시킨 당사자가 와서 직접 퇴원 신청을 하지 않으면 안 된다며 거부의사를 밝혔다.

그로부터 얼마 후 이재선은 가족들의 허락이 떨어져 정신병원에서 나올 수 있었지만, 폐암까지 걸려 결국 2017년 11월 2일 57세의 나이에 일찍 세상을 떠났다.

이재명은 어떤 현안에 대해 결정할 때 최악의 경우까지 미리 다 계산한다고 했지만, 형 이재선과 통화를 단절시키는 결단에 있어서만큼은 그런 '최악의 경우'까지 오리라고는 미처 생각하지 못했을 것이다. 피를 나눈 형제이기 때문에 더욱 그런 예상을 하지 못했겠지만, 그의 결단은 결코 회피할 수 없는 뼈아픈 선택이었다. 공인으로서 가족에게 이러한 인색한 결단을 취할 수밖에 없는 것이 가슴 아픈 일이지만, '공정사회'로 가는 길의 험난함을 깊이 인식할 수 있었던 사례라고 생각된다. 이처럼 공인으로서, 책임 있는 정치인으로서, 어떤 현안의 문제든 결단에 있어서는 냉정할 수밖에 없는 것이 '국민의 머슴'으로서 마땅히 해야 할 역할인 것이다.

이재명의 재판을 둘러싼 '형수 욕설' 해프닝은 하이에나 같은 기득권 세력의 좋은 먹잇감으로 활용되었다. 검찰을 물론이고, 그의 정치 정공법을 두려워하거나 시기하는 정치인들, 각종 보수 언론들은 이른 바 '이재명 죽이기'에 혈안이 되었다. 기득권 세력의 강점은 자신들이 불리할 때 한마음으로 결합하는 힘이었다. 마치 삼당합당처럼 정치권·검찰·언론 등이 야합하여 엉뚱한 말꼬투리 잡기, 증거 불충분에도 불구하고 기소하기, 아직 법원 판결이 나오지 않은 사건을 연일 대서특필하며 마녀사냥식 기사 쓰기 등등 기득권 지키기에 안간힘을 써대는 것이었다.

이처럼 인내심의 한계가 올 때까지 기득권 세력들은 무차별적 공격을 가해왔다. 이재명은 이를 악물며 참았다. 그는 상대의 공격이 강해질수록 인내심 또한 강해지는 내화벽돌 같은 심장을 갖고 있었다. 그러나 어떤 인내심도 피를 나눈 형제나 가족 앞에서는 무너지기 십상이다. 하지만 이재명은 핏줄 앞에서도 강했다. 어쩔 수 없이 뼈아픈 결단을 내려야만 했던 그를 버티게 해준 힘이 바로 정의와 공정의 정치를 추구하는 힘과 강한 인내력이었다.

정치인으로서 이재명이 생각하는 국민은 가족보다 우선시되어야만 하는 개념이었다. 그것이 정의임을 그는 모르지 않았다. 정의를 실천하는 무거운 책무를 가진 정치인으로서 그는 강한 인내력으로 버티면서 셋째 형 이재선과 오랜 기간 불편한 관계를 가질 수밖에 없었다.

그에게 있어서 작은 일은 '가족'과의 관계이고, 큰일은 '국민'을 위한 것이므로 선택의 여지 없이 정의의 편에 서야만 했던 것이다.

큰 나무는 큰 그늘을 드리운다

누구든 인생을 살다보면 터닝 포인트와 마주할 때가 있다. 이때 어느 한쪽을 선택하는 결단을 내리기란 결코 쉬운 일이 아니다. 흔히 일생 중 크게 세 번은 변화를 겪는 변곡점과 마주하게 된다고들 말한다. 그때 반드시 결단을 내려야만 하는데, 자기 인생이 걸려 있는 만큼 매우 신중을 기할 수밖에 없다. 그렇다고 장고할 필요는 없다. 결단은 빠를수록 좋다. 일단 결단하면 곧바로 행동으로 옮겨야 하기 때문이다.

어떤 현안을 놓고 장고하는 사람들은 자신의 능력보다 큰 욕망을 갖고 있기 때문이다. 터닝 포인트와 마주했을 때 방향을 설정해 놓으면 다시 되돌리기 어려운 것이 현실이므로, 마음먹은 대로 되지 않을 경우를 생각하다 보니 고민을 거듭할 수밖에 없다. 긍정적인 면에서도 효율성을 따져봐야 하고, 혹시 자신에게 돌아올 이득을 계산하느라 결단에 앞서 망설이게 되는 경우도 있다.

　그러나 자신 앞에 닥친 현실을 냉정하게 분석하고 곧바로 결단을 내릴 수 있는 사람은 과거보다 현재가, 현재보다 미래가 더 희망적이라는 믿음이 확고하기 때문에 마음의 결정을 하기가 수월한 입장이다. 큰 꿈은 당장 실현하기가 어렵지만, 작은 꿈은 실현 가능성이 그만큼 크다. 사실상 처음부터 큰 꿈을 꾸는 사람은 야망만 클 뿐 그 자신조차 확고한 믿음을 갖고 있지 못한 경우가 많다.

　초등학교 시절 담임선생님이 미래의 꿈에 대해 물으면, 대다수의 학생들이 대통령에서부터 장관 · 판사 · 사업가 · 의사 등등 사회적으로 권력과 부(富)를 거머쥔 인물이 되겠다는 답변을 많이 한다. 그러나 나중에 보면 그런 허망한 꿈들은 점점 작아져 정작 성인이 되었을 때 소시민으로 살아가는 경우가 대부분이다.

　꿈은 클수록 좋겠지만, 작은 꿈부터 차근차근 키워가는 것이 더 실현 가능성이 높다고 할 수 있다. 꿈은 나무처럼 자란다. 사과나무 묘목을 심어놓고 틈틈이 잊지 않고 물을 주고 거름을 치다 보면, 꽃이 피고 열매를 맺어 어른 주먹보다 크고 때깔 고운 탐스러운 사과가 주렁주렁 매달리는 큰 나무로 성장할 수 있다.

　사람도 마찬가지다. 꿈은 현실의 난관을 극복하기 위하여 자기 자신을 마인드 컨트롤하는, 실천 가능한 희망의 메시지다. 어린 시절부터 어려운 현실 속에서 자라난 사람일수록 극복 의지가 강하고, 사과 나무를 기르듯 마음속에서 작은 꿈을 키워 큰 꿈으로 가꾸어나갈 수 있다.

이재명이 바로 그런 사람이다. 그는 2017년 대선 출마 선언문에서 다음과 같이 밝힌 바 있다.

"작은 일 잘하는 사람이 큰일도 잘합니다. 작은 일도 못 하는 사람에게 큰일을 맡기면 갑자기 잘할 수 없습니다. 작은 권력에 부패한 사람은 큰 권력에는 더 부패합니다. 기득권자이거나 기득권과 결탁한 자는 기득권과 싸우지 않고, 기득권자와 싸우지 않으면 적폐청산·공정사회 건설은 불가능합니다."

여기서 이재명이 말하는 '작은 일'과 '큰일'은 그가 어린 시절부터 키워왔던 꿈의 현실화를 뜻한다. 작은 꿈을 키워 작은 일을 실현시키는 경험을 갖고 있는 사람이 나중에 큰 꿈을 이룩해 큰일을 해낼 수 있다는 자신감의 표현인 것이다.

누군가의 꿈이 바뀌는 것은 그 사람에게 있어서 인생의 변곡점, 즉 터닝 포인트의 기회가 왔다는 의미다. 초등학교 졸업과 동시에 12세 때부터 성남시 상대원공단에서 공장을 전전하던 당시 이재명의 작은 꿈은 매를 맞지 않고 편안하게 일할 수 있는 간부가 되는 것이었다. 그에게 이런 꿈을 꾸도록 자극을 준 사람은 '개구리눈'이라는 별칭을 가진 홍아무개 대리였다. 그는 공장 사장과 인척 관계가 되는 사람으로 고졸 학력을 가지고 있었지만, 일찌감치 '대리'라는 간부 자리에 앉아 어린 공장 노무자들을 괴롭혔다. 일종의 든든한 배경을 가지고 있는 권력자로서 툭하면 각목을 휘둘러 '빳따'를 치고, 점심때 시간이 남아 심심하면 아무나 두 명의 공원을 뽑아 권투를 시켜 눈탱이가 밤탱이 되고 코피가 터지는 걸 보면서 저 혼자 낄낄대며 관전을 즐겼다.

이재명도 자주 홍아무개 대리에게 '빳따'를 맞고, 그의 즐거운 관전을 위하여 아무런 적의도 없는 동료 공원과 주먹으로 치고받는 권투를 했다. 이때 지는 사람은 얻어터진 것만도 억울한데 아이스크림을 사야만 했다.

학교 선생님이 잘못한 학생 두 명을 불러 벌칙을 줄 때 그들에게 서로 따귀 때리기를 시키는 경우가 있었는데, 이것은 일제의 잔재 중하나다. 처음에는 상대를 생각해 약하게 때렸지만, 맞고 보니 억울해 점점 서로 세게 때려 결국은 엉뚱하게 적대적인 관계로 바뀌곤 한다. 그런 벌칙을 주는 선생님이 가장 비열한데, 바로 홍아무개 대리가 자신의 직권을 남용해 그런 나쁜 짓을 저지르고 있었던 것이다.

억울하게 찍혀 동료 공원과 권투시합을 할 때 이재명은 상대를 향해 주먹을 날리면서도, 마음속으로는 그것을 관전하며 낄낄거리는 홍 아무개 대리를 얼마나 저주했는지 모른다. 그리고 그는 자신도 빨리 공장의 간부가 되기 위해 검정고시에 합격해 고등학교 졸업 자격을 취득하겠다고 마음먹었다. 저주스러운 인간이지만, 홍아무개 대리로 인해 작은 꿈이 하나 생긴 것이었다.

이재명은 1년간 공부하여 중학교 검정고시에 합격해 자신의 초등학교 졸업 동기생들보다 한 학년 일찍 졸업 자격을 획득했다. 그리고 이어서 고등학교 검정고시에 합격했을 바로 그즈음의 일이었다. 그에게 보다 큰 꿈을 꾸게 만드는 희소식이 날아들었다.

1979년 10 · 26 사건으로 박정희 군부독재가 종식된 이후 1980년 '서울의 봄'이 온 듯했다. 그러나 신군부가 총칼을 들이대 모든 국민의 희망인 그 봄을 송두리째 도둑질함으로써 다시 전두환 군부독재가 시작되었다. 그런데 이때 이재명에게는 고단한 공장 생활을 탈출할 수 있는 새로운 기회가 열렸다.

대학 입시제도가 바뀌어 본고사가 폐지되었고, 대신 학력고사의 성적으로 각 대학에 응시할 수 있게 된 것이었다. 이렇게 되자 학력고사에서 우수한 성적을 거둔 입시생을 뽑기 위해 사립대학마다 전 학년 특별장학금 수혜제도가 생겼다. 학력고사 점수만 가지고 대입 전형을 치를 경우, 상위 등수에 드는 학생들은 거의 서울대학 등 명문대

파워풀 이재명

학을 지원할 것이므로 사립대학들은 우수 학생들을 유치하기 위한 고육책으로 그런 특별장학금 제도를 마련했던 것이다. 이재명은 이 기회야말로 자신이 공장 노동자에서 벗어날 수 있는 유일한 길이라고 생각했다.

드디어 이재명에게 인생의 터닝 포인트, 기회가 온 것이었다. 그의 가정 형편으로는 언감생심 대학생이 되는 꿈을 꿀 수도 없었다. 그런데 만약 학력고사 실력이 우수하여 특별장학생으로 선발된다면 4년 동안 전액장학금을 받을 수 있으므로, 그에게는 대학을 다닐 수 있는 한 가닥 희망이 보였다. 더구나 각 사립대학마다 우수한 학생을 선발하는 경쟁이 벌어져 전 학년 특별장학금뿐만 아니라 매월 생활보조금도 지급한다는 파격적인 조건을 내세워 대대적으로 홍보하고 있었다.

그동안 이재명은 중·고등학교 검정고시 공부를 하면서 공장 간부가 되겠다는 작은 꿈을 실현하기 위해 마음의 텃밭에 '희망'이란 씨앗을 심어왔다. 그런데 그 텃밭에서 드디어 보다 큰 꿈을 키우는 새싹이 발아하기 시작했다. 전혀 예기치 않았던 앞날에 대한 희망이 생기자, 그는 곧바로 결단을 내렸다. 그때부터 대학입시에 도전하기 위해 공부에 매진하기로 한 것이다.

이미 이재명의 목표는 확실하게 정해져 있었다. 대입학력고사에서 좋은 점수를 받는 것만으로는 그의 꿈을 이룰 수 없었다. 반드시 전국 학력고사 응시생 중 2000명 순위 안에 들어야만 사립대학의 특별장학생 전형에 합격할 수 있었다.

이재명은 목표달성을 위해 주경야독으로 공부에 매진했다. 그리고 그는 학력고사 전국 순위 2000명 안에 들어갔으며, 스스로 원하는 대학을 선택할 수 있게 되었다. 그는 중앙대학교 법학과를 선택했는데, 그것은 순전히 4년 전액 장학금뿐만 아니라 매월 20만 원의 생활보조금이 지급되는 조건이 마음에 들었기 때문이다. 당시 그가 상대원공단의 마지막 직장인 오리엔트시계에서 받던 월급의 3~4배 이상 되는 금액이었으므로, 따로 아르바이트를 하지 않고도 대학공부에 전념할 수 있었다.

이재명은 1982년 학번으로 중앙대학교 법학과에 입학했는데, 동기생들은 모두가 그처럼 4년 전액 특별장학생들로 이루어져 있었다. 그들 모두 사법고시에 합격해 법조계로 나가겠다는 꿈을 가지고 있는 수재들이었다.

대학 생활을 하면서 이재명이 내적으로 큰 충격을 받은 것은 법학과 1학년 동기인 전라남도 장흥 출신의 이영진으로부터 '5·18 광주 민주화운동'의 진실을 들었을 때였다. 1980년 당시 그는 텔레비전이나 라디오 뉴스를 통해 폭도들의 만행이라고 들었으므로, 광주에서 일어났던 일들을 보도 내용 그대로 믿고 있었다. 그러나 이영진의 이야기를 듣고 나서 군부 권력과 매스컴의 합작으로 보도된 가짜 뉴스를 진실이라고 믿었던 그 자신에 대해 너무나 화가 났다.

그리고 이재명은 '5·18 광주민주화운동' 때 군부세력의 총탄에 희생된 영령들께 한때 가짜 뉴스를 듣고 사실로 생각했던 것에 대해 자신이 큰 죄를 지었다고 생각했다. 가장 큰 원흉은 쿠데타로 정권을 잡은 신군부 세력이지만, 그것을 방관하거나 동조한 다수의 정치인들과 언론 기자 등 기득권 세력들에게도 분노가 치밀었다.

대학 2학년이 되었을 때 이영진은 학생운동에 본격적으로 가담했으며, 그는 운동권 선배들에게 동기 중 공원 출신이 있다는 이야기를 했다. 선배들은 공원 출신인 이재명을 운동권으로 끌어들이기 위해 이영진을 통해 설득하도록 했다. 당시 이영진은 탈춤반·전통예술반 등의 동아리 활동을 하면서 민족정신에 심취해 있었고, 이를 통하여 민주화운동에도 열성적이었다.

이영진은 이재명을 만나 같이 민주화운동의 대열에 참여하자고 권유했다. 그러나 이재명은 내심 곤혹스럽지 않을 수 없었다. 그는 공부를 해서 4년 정규과정을 마치고 반드시 사법고시에도 합격해야만 하였다. 그런데 만약 운동권 활동을 할 경우 자칫하면 퇴학을 당하게 되고, 그렇게 되면 공부와는 멀어져 자신의 미래가 암담해질 수밖에 없었다.

이재명도 운동권에 가담해 민주화운동을 적극 펼치고 싶은 마음이 굴뚝같았으나, 대학 4년간의 전액 장학금이 걸림돌이었다. 다른 학생들은 가정 형편이 좋아 퇴학을 당하더라도 다시 복학하거나 다른 살길을 모색할 수 있겠지만, 그의 가정 형편은 전혀 그렇지 못했다. 장학금을 받지 못하면 그는 계속해서 공부할 길이 끝내 막히고 마는 것이었다.

며칠 동안 고민을 거듭하던 끝에 이재명은 친구 이영진을 만나 자신의 입장을 정리해 들려주었다. 그는 그동안 밤잠을 설쳐 가며 '운동권이냐, 공부냐'를 두고 고민을 거듭해 왔다. 그리고 미래의 큰 꿈을 펼치기 위해서는 장외투쟁을 하는 운동권보다 공부를 열심히 해서 제도권에 들어가 민주화와 국민의 살 권리를 주장하는 개혁에 앞장서겠다고 다짐했다.

이재명은 자신의 결단을 이야기하면서 용기 있게 민주화운동에 투신하겠다는 친구 이영진에게 심히 부끄러운 생각도 들었다. 자칫 친구에게 개인의 영달이나 좇는 기회주의자로 낙인찍힐 수도 있었기 때문이다.

그러나 이재명의 가정 사정과 그의 큰 꿈을 알고 있던 이영진은 더 이상 운동권 가담을 권유하지 않았다. 민주화에 역행하는 정권을 무너뜨리는 것에 그치지 않고, 순리대로 흐르는 세상을 건설해야 한다는 더 큰 꿈. 그런 큰 꿈을 위해서는 당장의 어두운 현실과 몸을 던져 싸우기보다 인내심을 갖고 세월을 이겨내며 자기 역량을 키워가는 것이 더 중요하다는 이재명의 생각에, 이영진도 공감하게 되었다.

장자(莊子)의 '가죽나무 우화'에 보면 "큰 나무가 큰 그늘을 드리운다"라는 말이 있다. 어린나무일 때 가죽나무는 못생기고 비틀어져서 아무도 거들떠보지 않았다. 쓸모없이 느껴졌기 때문에 목수들도 재목감으로 쓰려고 하지 않았던 것이다. 그런데 오랜 세월이 흘러 가죽나무는 너른 들판의 언덕에 서 있는 큰 나무가 되어 지나가는 길손들에게 더위를 식히며 휴식을 취할 수 있도록 큰 그늘을 제공하였다.

이재명은 어린 시절부터 공장 생활을 하면서 누구도 눈여겨보지 않는 삶을 살아왔지만, 어느 순간 큰 꿈을 꾸기 시작하면서부터 장자의 가죽나무처럼 큰 그늘을 드리우는 사람이 되고 싶었다. 이때 '큰 나무'는 불편부당·공정사회를 이끄는 가장 바람직한 정도의 정치를 말하며, '큰 그늘'은 국민들 누구에게나 자유와 행복을 골고루 나누어주는 공정한 정책을 의미하는 것이었다.

대학 생활을 하면서 이재명은 마음속으로 장자의 우화에 나오는 그런 큰 나무가 되겠다고 결심했으며, 친구 이영진은 이심전심으로 그의 마음을 알고 더 이상 운동권에 들오라는 권유를 하지 않았다. 그는 운동권에 들어가고 싶은 충동을 인내심으로 극복했다. 사법고시에 합격하는 날까지 인고의 세월을 참아야만 그때 새롭게 결심을 굳힐 수 있다고 생각했던 것이다. 이때부터 이재명은 이영진에게 부채의식을 가지고 있었다.

운동권 학생이 된 이영진은 대학 4학년 때 상공회의소 점거 농성을 벌이다 구속되었고, 학교에서도 퇴학당했다. 그 소식을 듣고 이재명은 매우 가슴이 아팠다.

당시 이재명은 사법고시에 1차 합격을 하고 2차에서 떨어진 상태였다. 친구 이영진에게 부채의식을 갖고 있던 그는 더욱 열심히 공부해 졸업 후 드디어 사법고시에 합격했다. 그는 사법연수원 과정을 마치고 성남시에 인권변호사 사무실을 차린 1989년 당시, 구로동에서 노동운동가로 활동하던 친구 이영진을 찾아가 사무장을 맡아달라고 부탁했다. 그리고 그 인연은 이재명이 성남시장을 거쳐, 경기도지사가 되어서도 계속 이어져 정치적으로 둘도 없는 동행자 관계가 되었다.

큰 나무가 되기 위해선 부단하게 인고의 세월을 견뎌내야만 한다. 이를 악물고 참으면서 오랜 세월을 견뎌내는 인내심은 정치 리더의 큰 덕목이다. 그러한 인내심은 이재명을 큰 정치인으로 키우는, 말하자면 튼실한 열매를 맺는 사과나무가 되도록 해주는 물과 거름의 역할을 해주고 있는 것이다.

소통 없는 정치는 썩는 물과 같다

바람직한 정치는 국민들과 소통을 잘하여, 그들의 소망을 들어주고 억울함을 풀어주고 모든 행정의 효과가 불편부당하게 치우침 없이 골고루 돌아갈 수 있도록 하는 데 있다. 선거 때 국민들이 소중한 한 표를 던지는 것은 그런 심부름 잘하는 정치인을 선출하기 위해서다.

선거철이 되면 후보들은 지하철로, 전통시장으로, 될 수 있으면 서민들을 많이 만날 수 있는 곳으로 찾아다니며 한 표를 호소한다. 자신을 지지하는 한 사람의 유권자가 아쉽기 때문이다.

그러나 막상 당선이 되고 나면 서민들은 정치인들의 얼굴을 대면하기가 쉽지 않다. 그저 텔레비전을 통하여 여야가 의견 다툼을 벌이거나 때로는 막말을 주고받으며 멱살을 잡는 낯부끄러운 장면들을 연출할 때, 그 익숙한 얼굴들이 언뜻 스쳐갈 뿐이다. 선거 때와는 사뭇 다른 정치인들을 보면서 국민들은 실망할 수밖에 없다.

정치인이 '국민들의 머슴'이라면 늘 국민들 가까이에서 명령받을 준비가 되어 있어야 하는데, 국민들의 소중한 지지표를 얻어 당선된 후에는 구중궁궐 같은 집무실에 들어앉아 수하에 거느린 비서진과 각 부처 관계자들을 통해 권력 행사를 하기에 바쁘다. 직접 국민과 만날 일도 없으니 제대로 소통이 될 리 만무하고, 자신의 판단이 옳다는 자만심만 커져 정치가 독단으로 흐르기 쉽다.

정치가 국민과의 소통 없이 독단으로 흐르면 어느 구석에서부터 슬슬 썩는 냄새가 나기 시작한다. 그들이 펼치는 행정력이 불편부당하게 국민들에게 골고루 미쳐야 하는데, 권력을 독식하면서 그들과 관련된 일부 기득권층에게 이권이 주어지고 혈세가 낭비되는 경우가 발생하는 것이다. 언제나 비리는 권력자와 일부 기득권층의 밀착에서 비롯된다. 그러다 보니 그들이 듣고 판단하고 들어주어야 할 국민들의 민원은 안중에도 없다. 국회에선 여야를 불문하고 권력다툼으로 아까운 시간을 낭비하다 보니, 정작 민생해결에 꼭 필요한 법률안은 통과되지도 못한 채 서류함 속에 묻혀 먼지만 쌓여갈 뿐이다.

물이 고이면 썩는다. 이끼가 끼고 녹조가 발생해 물고기를 비롯한 수생 생물들이 죽어 나간다. 정치가 썩으면 서민들의 한숨이 늘고, 국민 혈세를 마음대로 주무르던 비리 정치인과 일부 기득권층만 밀실에서 문을 걸어 잠그고 앉아 나온 배를 만족스럽게 쓰다듬을 뿐이다.

소통되지 않는 정치의 극단이 그와 같다. 정치인이 소통의 문을 개방하지 않고 독단적으로 권력 행사를 하면, 결국 나라의 행정은 고인 물처럼 썩을 수밖에 없다. 소통의 문을 개방해 국민의 소리를 들을 수 있어야 불편부당하고 바람직한 정치행정이 이루어진다.

2010년 제5대 지방자치단체장 선거에서 성남시장에 당선되었을 때, 이재명은 그 스스로를 '4년제 계약직 공무원'으로서 '성남 1호 머슴'이라고 말했다. 이는 달리 표현하면 성남시민들을 위하여 '일하는 시장'이 되겠다는 다짐이기도 했다.

그런데 이재명이 시장에 당선되어 성남시청에 첫 출근을 하고 보니, 시장실이 시청 건물의 맨 꼭대기인 9층에 있었다. 그의 상식으로는 도무지 이해할 수 없는 일이었다. 시장실이 가장 높은 곳에 있다는 것은, 그 자체만으로 볼 때도 권위의 상징이었다. 시장실에 올라가 보니 구중궁궐이나 다름없었다. 시장이 사용하는 전용 엘리베이터가 따로 있었고, 시장실도 비서진들의 사무 공간을 포함하여 웬만한 학교의 교실 서너 개를 합한 것만큼 널찍했다. 전용 엘리베이터는 시장과 일부 관계자들 외에는 사용할 수 없기 때문에 일반 시민들의 시장실 접근은 철저히 배제되어 있었다. 까다로운 절차를 거치지 않으면 시장과의 면담도 쉽지 않은 구조였다. 이와 같은 구조의 시장실이야말로 바깥세상과 완전히 격리된 불통의 공간이었다.

시민을 위해 일하겠다는 성남시장이 되고 나서 이재명이 가장 먼저 한 일은 시장실을 9층에서 2층으로 옮기는 일이었다. 성남시청의 1층 로비는 시민들이 자유롭게 찾아와 사용하는 각종 회의실과 세미나실로 만들어 놓았으므로, 공무원들의 업무공간은 2층부터였다.

이재명은 당장 시장실을 2층으로 이전하자고 제의했다. 그러자 비서진을 비롯한 관계 공무원들은 난감한 표정부터 지었다. 시장실을 2층으로 옮길 경우 뜻하지 않은 사태들이 자주 발생해 골치를 앓을 것이란 이야기였다. 민원을 제기하는 시민들이 밀어닥쳐 시장실을 점거하면 대책이 없다는 것이었다. 행정업무가 마비되어 일상적인 일 처리도 제대로 못 하게 된다면서 반대의견이 많이 나왔다.

"시청의 공무원은 시민들의 민원을 해결하기 위해 있는 것입니다. 민원을 제기하는 시민들이 무서워 9층에 시장실을 만들고, 구중궁궐에 들어앉아 무슨 일을 하겠습니까? 시장은 시민들을 만나 소통을 해야합니다. 저는 민원을 제기하는 시민들을 무서워하는 불통 시장이 되고 싶지 않습니다. 시민들이 민원을 제기하면 잘 듣고 해결하도록 노력하는 것이 시장으로서 마땅히 해야 할 일이 아니겠습니까?"

이재명은 시장실을 9층에서 2층으로 옮기는 일을 고집스럽게 밀어붙였다. 그러자 그 소문이 밖으로 새어나가 청사 관할 경찰서와 검찰에서까지 반대하는 목소리가 높았다. 민원을 제기하는 시민들이 시장실로 들이닥쳐 농성을 하게 되면 감당할 수 없는 사태가 벌어질 것이라는 점을 반대 이유로 들었다. 시민들의 농성 사태를 막고 해결해야 하는 일은 바로 그들의 몫이므로, 사전 예방 차원에서 시장실을 2층으로 옮기는 것에 반대하고 나선 것이었다. 그들 또한 시청 공무원과 똑같은 생각이었다.

가만히 생각해보니, 그것은 업무 편의주의였다. 그동안 공무원들 사이에 관행으로 여겨져 오는 것들이었다. 이재명은 공무원 행정에서 관행을 가장 싫어했다. 관행이라는 편의주의를 내세워 일처리를 쉽게 하면서, 시민들에게 불편을 끼치는 행정은 이제 철저히 배격해야 한다는 것이 그의 생각이었다.

그런 면에서 이재명은 원칙주의자였다. 자칫 '원칙'에 '주의자'를 붙이면 고집불통처럼 인식될 수도 있으나, 정치행정에서 그 '원칙'이 무너지면 주객이 전도되는 양상이 벌어질 수 있음을 그는 간과하지 않았다. 즉 시민을 위해 봉사하는 것이 공무원의 역할로, 그것이 바로 원칙이었다. 민원이 두려워 애써 피한다면 자신들의 일을 편리하게 하기 위해 시민의 요구를 거부하는 꼴밖에 안 되었다. '머슴'이 '주인'

의 말을 듣지 않고 제멋대로 하는 관행은 당장 사라져야 할 '나쁜 버릇'이 아닐 수 없었다. 바로 '구태'이고 '적폐'에 다름 아니었다.

물론 시민의 요구를 다 들어줄 수는 없는 일이다. 들어봐서 민원을 해결해줄 수 있는 사안이라면 적극 도와주고, 그렇지 않은 집단 이기주의에 의한 민원일 경우 당연히 거부하면 되는 것이었다.

이재명은 최종적으로 결단을 내렸다.

"시장실을 2층으로 이전해 시민에게 개방토록 하겠습니다. 시민을 만나 고충을 들어야 제대로 시정을 펼 수 있지 않겠습니까?"

이렇게 결정을 했지만, 직원들의 굳어진 표정은 쉽게 풀리지 않았다. 앞으로 닥칠 사태를 어찌해야 좋을지 난감했기 때문이다. 그들은 전부터 경험한 사례가 있기 때문에 초선 시장인 이재명이 너무 안이하게 판단하고 있다고 생각했던 것이다.

성남시청 2층의 시장실은 엘리베이터를 이용할 필요도 없이 에스컬레이터나 계단으로 한 층만 오르면 곧바로 눈앞에 보이는 곳에 만들어졌다. 시장실의 공간도 9층에 있을 때보다 대폭 줄였다.

시장실을 개방하자 그 소문을 듣고 민원을 호소하는 시민들이 몰려들었다. 이전 시장 때부터 민원을 제기했던 시민들이 먼저 들이닥

첬는데, 일단 이재명은 그들의 요구사항을 끝까지 경청하였다. 국민의 머슴인 공무원으로서 경청의 자세는 중요한 업무이자 의무였다. 첫 소절만 듣고 그 노래의 좋고 나쁨을 평가할 수는 없다. 끝까지 다 듣고 나서 판단해야 할 일이다. 민원을 경청하는 것은 시민들의 이야기를 끝까지 듣는 인내심이 요구된다. 대체적으로 결론적인 사항은 마지막에 가서 나오기 때문이다. 또한 민원인의 답답한 가슴을 풀어줄 수 있는 것은 끝까지 경청하는 자세만으로도 어느 정도 해소가 가능하기 때문이다. 그런 의미에서 경청은 아주 중요한 공무원의 업무 자세 중 하나라고 할 수 있었다.

이재명은 민원인들의 요구를 끝까지 들어주었다. 그러고 나서 바로 단안을 내렸다. 그들의 요구는 집단 이기주의에 편승한 민원으로 현행 법률상 해결이 불가능한 사안이었으므로 시장으로서도 해결할 수 없다고 답변했다. 그러나 민원을 제기한 시민들은 이재명의 말을 무시하고 시장실에서 즉각 농성에 들어갔다. 결국 예상했던 일이 닥쳤다며 직원들은 난감한 표정을 지었다.

사실 이재명도 직원들을 통해 들은 바가 있어 반드시 그런 사태가 벌어질 것이라고 예감하고 있었다. 그래서 놀라지도 않고 담담하게 현실을 받아들이기로 했다. 여러 가지 예를 들어가며 설명해도 민원인들이 고집을 꺾지 않자, 그는 아예 시장실을 농성장으로 내준 채 다른 집무에 몰두했다.

법과 제도를 무시한 채 '목소리가 큰 사람이 이긴다'라는 구태정치가 재현되는 것을 이재명은 원치 않았다. 집단 이기주의를 반드시 시정하는 것, 일부 기득권자들에게만 돌아가는 이득을 차단하는 것, 불편부당을 행정의 원칙으로 삼는 공무원들이 해야 할 마땅한 임무가 바로 그것이었다.

퇴근 시간이 되었는데도 집단으로 몰려온 민원인들은 농성을 풀지 않았다. 이재명은 직원들로 하여금 아예 시장실 열쇠를 그들에게 맡기고 전원 퇴근하라고 일렀다. 그는 특히 농성을 최대한 편안하게 할 수 있도록 배려하였고, 비서진에게 농성장에 대자보를 써서 붙일 수 있도록 종이와 매직펜도 마련해 주도록 했다.

이렇게 되자 정작 당황한 것은 농성을 시작한 집단 민원인들이었다. 시장과 비서진이 모두 퇴근하자 농성하던 그들도 밤 10시쯤 되면서 하나둘 시장실을 빠져나갔다. 나중에는 농성 분위기가 흐지부지되면서 모두들 짐을 싸가지고 집으로 돌아가 버렸다. 시장실을 농성장으로 빌려주었는데도 그들은 농성할 명분을 잃어버린 것이었다.

그 이후에도 집단 이기주의로 시장실을 방문한 시민들이 숱하게 민원을 제기했지만, 현행법상 문제가 되는 사안의 경우 이재명은 자세한 설명을 붙여 되돌려 보냈다. 그러나 마땅히 민원을 제기할만한 사안의 경우 적극적으로 시민들을 도와 백방으로 해결해주려고 노력했다.

이처럼 이재명은 소통을 정치행정의 기본으로 삼았다. 정치인은 소통을 통해서만이 시민과 직접 만날 수 있고, 깨끗한 시정을 펼칠 수 있기 때문이었다. 시장실에 가만히 들어앉아 있어서는 대체 시민들이 무엇을 원하는지 알 수 없으므로, 바람직한 시정을 위해서 많은 시민들과 대화를 할 필요가 있음을 뼈저리게 절감했다.

옛날 슬기로운 임금들이 사복으로 변복을 하고 서민들의 생활을 두루 살핀 것도 소통의 한 방식이었다. 대신들이 들려주는 입에 발린 이야기만 듣고는 서민들의 애환을 다 믿을 수 없기 때문이었다. 서민들의 고통이 임금에게까지 제대로 전달되지 못할 때, 그 책임은 대신들에게 있었다. 임금의 눈과 귀를 가로막고 불법을 자행하여 개인적 이득을 취하는 탐관오리들이 바로 그들이기 때문이었다.

이재명이 처음 시장실을 2층으로 옮긴 것도 시민들과 자유롭게 만나겠다는 매우 상징적인 의미를 담고 있었다. 그래서 처음 시정을 펼치면서 '시장과의 대화의 시간'을 갖는 자리를 마련하기로 했다. 시민들과 허심탄회하게 대화를 하는 것이 바로 소통하는 시정의 지름길이라고 생각했기 때문이다. 그는 두 달 이상 성남시 각 지역을 돌며 시민들과 대화의 시간을 가졌다. 시민들의 하소연을 듣는 것이 소득의 전부는 아니었다. 시민들이 사는 현장을 눈으로 직접 목격함으로써 그들의 애환을 몸으로 느낄 수 있었던 것은 초선시장으로서 큰 공부가 아닐 수 없었다.

성남시장이 되고 나서 이재명이 걸어서 출근한 것도 시민들을 자유롭게 만나고 싶은 마음에서였다. 그는 이른 아침에 탄천을 걸으면서 운동하는 사람, 자전거를 타는 사람, 걸어서 출근하는 사람 등등 많은 시민들을 접할 기회가 있었다. 작은 민원이지만 탄천을 걷다 한 할아버지로부터 탄천수영장 옆에 쓸데없이 높은 쇠파이프 폴(pole)대가 있는데 뽑아버리면 좋겠다는 이야기를 들었다. 그는 그날 바로 직원들을 시켜 폴대를 제거하라고 일렀다. 다음에 다시 그 할아버지를 만났을 때 너무 좋아하셨다. 그전에도 몇 번 여러 가지 방법으로 민원을 넣었으나 공무원 누구도 들은 척하지 않았는데 바로 해결해주어 고맙다는 인사까지 하는 것이었다. 할아버지가 다니는 경로당에서도 처음에는 새로 취임한 시장을 안 좋게 보았는데, 그 이야기가 전해진 후로 '일 잘하는 시장'이라며 노인들의 태도가 많이 달라졌다고 했다.

이재명은 그때 확실하게 깨달았다. '작은 일'과 '큰일'은 일을 해결하는 방법에서 크게 차이가 없다. '작은 일'을 잘해야 '큰일'도 잘할 수 있다. 그러므로 '작은 일'도 '큰일' 못지않게 중요하다는 생생한 체험을 한 것이었다.

이처럼 시장이 직접 시민들을 찾아가 그들이 사는 삶의 현장을 눈으로 보고 귀로 듣게 되자, 집단민원을 제기하며 시장실로 찾아오는 사례가 크게 줄어들었다. 그때부터 시장실을 찾아오는 시민들은 민원 해결보다는 직접 시장을 만나 인사를 하겠다는 순수한 방문자들이 많아졌다. 주로 청사를 탐방하러 온 단체 손님들과 학생들이었는데, 학생들의 경우 부모의 손을 잡고 온 유치원생들에서부터 초등학생들, 중·고등학생들까지 다양했다.

이재명은 그런 학생들이 기념사진을 찍자고 하면 언제든지 응해 주었다. 바쁜 시정으로 결제할 일이 있어도, 잠시 짬을 내어 웃는 얼굴로 학생들과 기념사진을 찍었다. 그 순간이 시장으로서 가장 기쁜 시간이었다.

민원 해결의 첩경은 첫 번째가 시민들의 이야기를 들어주는 일이다. 처음부터 선입견을 가지고 듣지 말고, 끝까지 인내를 해가며 그들의 고충을 들어준 다음 해결 방안을 강구해야 한다. 법적으로 문제가 되는 것은 일찌감치 포기하도록 설득하는 노력이 필요하고, 해결 가능한 일은 시일을 미루지 않고 그때그때 순발력 있게 처리하는 능력이 요구되는 것이다. 작은 일이든 큰일이든 그것을 해결하기 위해서는 민원인들의 입장에서 귀를 열고 들어주는 인내력이 필요하다. 말도 안 되는 일이라 하더라도 끝까지 경청하는 자세, 그것이 '국민의 머슴'인 공직자로서의 올바른 태도이자 정치인이 가져야 할 덕목이다.
시간과 인내력은 비례한다. 쉽게 풀리지 않는 일도 시간을 갖고 참다
보면 해결의 실마리가 찾아지는 것이다. 인내력을 가진 리더는 시간
의 관리에 능하며, 좀 더 시일이 걸리더라도 반드시 그 일을 성취해내
고야 만다.

눈물의 단련이 인내력을 강화해준다

사람들의 감정 표현 중 가장 끈끈하고 진하면서 짜고 매운 것이 눈물이다. 그렇게 눈물의 맛이 각기 다른 것은 억울해서, 배반당해서, 서러워서, 이별이 슬퍼서 눈물이 나는 것이므로 감정의 곡선이 매우 불규칙적이다. 그런데 가장 슬플 때는 물론이고 가장 기쁠 때도 웃음보다 먼저 눈물이 나오는 것은, 인간의 '희비(喜悲)'란 감정보다 더 앞선 본능적 표현이 바로 '눈물'의 속성이기 때문이다.

눈물도 자주 흘리면 단련이 되어 인내심이 강화되고 마음도 바위처럼 단단해진다. 시인 박해석은 〈눈물은 어떻게 단련되는가〉라는 시에서 바로 그 이유를 이렇게 노래로 읊었다.

'눈물도 없이 커다란 상처로 웅크린 채 우는 사람들이여

너희들 단단히 가슴속에는

사리 같은 견고한 눈물이 쌓여 있는가

쌓여 무너져 내리는가

메마른 육신의 어느 한쪽이 저절로 열리면서

거기 샘솟는 아, 기쁨의 우물

슬픔의 두레박도 있으려니

눈물은 이제 어디만큼 와서 제 못을 벗고 있는지

어머니, 당신의 목소리에 아직 제 눈물은 남아 있는지'

이것은 시의 일부인 뒷부분만 인용한 것이지만, 눈물이 단련되면 단단한 가슴속에 사리 같은 견고한 눈물이 쌓여 실제로는 눈물도 나오지 않는다. 그래도 사람은 운다. 울고 싶어도 울지 못하고 마른 눈물을 흘리는 사람들의 가슴은 바위나 절벽처럼 단단해진다. 그것이 인내심으로 인하여 굳은 결심이 되면 이 세상에 무서울 것이 하나도 없다.

대한민국의 역사를 뒤돌아보면 눈물의 연속이었다.

일제강점기는 시시때때로 눈물바람을 일으키는 온갖 사건들로 얼룩져 있었다. 동양척식회사에 억울하게 땅을 빼앗기고, 전시공출이란 명목으로 피땀 흘려 농사지은 쌀을 빼앗기고, 징용으로 끌려가 아들과 남편을 빼앗기고, 위안부로 강제 동원되어 딸을 빼앗기고, 그래서 억울하고 한스러워 울고 또 울다가 눈물도 말라버려 절벽 같은 가슴으로 울었다. 3 · 1운동 때는 그러한 눈물의 더께로 이루어진 울분이 절규로 토해져 나와 나라 전체가 만세바람을 일으키기도 했다. 그런 눈물이 단련되어 죽어서 사리로 굳은 경우도 정말 있을 것이다.

해방이 되었으나 분단의 상처는 우리 민족 모두에게 뼈아픈 눈물을 흘리게 했다. 분단에 이어 6 · 25 전쟁이 일어나 이 땅을 피로 물들였고, 생사의 갈림길에서 눈물은 또 한 번 단련되었다. 이산가족의 아픔은 휴전 이후 지금까지 눈물의 계보를 이어오고 있다.

나라나 개인이나 이러한 눈물의 단련이 인내력과 굳건한 결심으로 응집되면서, 그 단단한 토대 위에 새로운 역사를 쌓아나간다. 전쟁 이후 구호물자를 받던 대한민국이 70여 년이 지난 현재 세계 10위권에 드는 경제강국으로 올라설 수 있었던 것은 바로 단련된 눈물의 힘이었다. 산업화정책에 따른 온 국민의 피와 땀은 바로 단련된 눈물로 짜낸 값진 소금이었던 것이다.

비록 대한민국 역사에서 한 개인에 속하지만, 이재명은 산업화정책 속에서 눈물로 단련하며 개인적 성장을 이룩한 대표적인 서민의 아이콘이라고 할 수 있다. 그의 지나온 삶은 눈물로 점철되어 있었다.

실제로 눈물을 흘리지 않았다 하더라도 그는 속으로 너무도 많이 울었다. 마른 눈물로 인내심을 가지고 마음을 단련하고 또 단련했다.

어린 시절의 가난은 이재명에게 '눈물'을 선물했다. 그가 안동의 청량산 자락 밑의 산골 마을에서 삼계초등학교에 다닐 때, 아버지는 가족들을 놔둔 채 혼자 대처로 나갔다. 그가 3학년 때의 일이었다. 어머니는 홀로 7남매를 키우기 위해 밀주를 빚어 마을 사람들에게 농주로 팔았다. 그것으로도 생계가 어려워 박카스나 라면, 과자 부스러기 등을 파는 조그만 점방을 열어 겨우겨우 식구들의 끼니를 해결해 나갔다.

당시 이재명은 미술 시간을 가장 싫어했다. 돈이 없어 도화지나 크레파스를 살 수 없으니 미술 준비가 안 돼 담임선생에게 매일 맞거나 변소 청소 당번을 도맡아 놓고 해야만 했다. 교과서 외에 공책과 연필이 그가 가지고 있는 학용품의 전부였다.

단지 가난하다는 이유 때문에 이재명은 많이도 맞았다. 어떤 때는 팔촌과 서로 뺨을 때리는 벌을 받기도 했다. 또 어느 날인가는 환경미화를 하는데, 그에게 할당된 꽃밭 구간을 다 가꾸지 못해 담임선생에게 무려 스물일곱 대나 뺨을 맞은 적도 있었다. 옆에서 팔촌이 정확하게 세어 보고 말해주었던 숫자다.

이렇게 가난 때문에 담임선생에게 맞거나 화장실 청소를 하면서 이재명은 숱하게 눈물을 흘렸다. 다른 학생들에게 보여주지 않으려고 이를 악물며 안으로 울음을 삼켰다. 그런 마른 눈물은 마음속으로 스며들어 절벽처럼 단단해졌다. 그는 자신도 이다음에 커서 선생님이 되겠다고 단단히 결심했다. 이것이 그의 첫 번째 꿈이었고, 그런 식으로 매맞는 설움을 보상받겠다고 생각했다.

삼계초등학교를 졸업하자마자 이재명은 갑자기 식구들을 따라 아버지가 있는 경기도 성남시로 이사했다. 시골집을 떠날 때 그는 엿장수에게 팔기 위해 병뚜껑을 납작하게 우그려 자루 가득 모아놓은 것을 아깝지만 아궁이에 던져 넣을 수밖에 없었다. 갑자기 이사를 가게 되는 바람에 그것을 급히 숨길 곳을 찾지 못했던 것이다. 그로부터 3년쯤 지나 집안의 일 때문에 고향을 찾았을 때 그는 병뚜껑을 숨겨놓은 아궁이부터 뒤져보았다. 녹이 슬어 한데 엉켜 못쓰게 된 병뚜껑 무더기를 보고 그는 남몰래 눈물을 흘렸다.

1980년 봄, 이재명이 고등학교 자격 검정고시에 합격했을 때였다. 그는 너무도 기쁜 나머지 합격증을 아버지에게 보여주었는데, 쓰다 달다 말이 없었다. 그가 잠시 밖에 나갔다 돌아와 보니 합격증이 갈기갈기 찢어진 채 방바닥에 흩어져 있었다. 그는 울컥하는 울분과 함께 쏟아지려는 눈물을 안으로 삼켰다.

그런 일이 있고부터 이재명의 가슴에는 아버지에 대한 증오심이 더욱 쌓여만 갔다. 대학을 졸업하고 나서 1986년 사법고시에 합격했을 때, 그의 아버지는 병원에 입원해 중환자실에 누워 있었다. 그는 병상의 아버지에게 다가가 합격 소식을 전했다.

아버지는 이재명의 말을 알아듣기는 했으나 대답을 할 수 있는 상태가 아니었다. 그때 아버지의 눈에서 눈물 몇 방울이 흘러내렸으며, 그 후 병상에서 끝내 지병이 회복되지 않아 유언조차 남기지 못한 채 세상을 하직했다. 이재명은 아버지와의 화해를 그런 눈물 몇 방울로 했던 것이다. 아버지의 눈에서 흘러내리는 눈물을 보는 순간, 그는 마음속으로 또다시 울었다.

당시 이재명은 아버지의 고단했던 삶을 떠올리며, 사람에게 죄가 있는 것이 아니라 가난이 죄임을 뼈저리게 느낄 수 있었다. 아버지를 생각해서라도 법조인이 되어 가난한 사람을 위해 일하겠다고 굳게 다짐했다.

성남시에서 인권변호사로 일하면서 시민운동을 하다가 많은 시민들의 서명을 어렵게 받아 시의회에 성남시립병원 조례안을 상정했다 결렬되었을 때, 이재명은 눈물을 흘리며 성남시장 출마를 결심했다. 정치인의 길을 걷기로 마음먹은 최초의 사건이었다. 그의 눈물은 단계를 거쳐 가며 이렇게 바위처럼 단련되어 갔다. 그리고 그 단련된 눈물은 마침내 대통령의 꿈을 갖게 만들었다.

파워풀 이재명

이재명은 2016년 9월 6일 광주 5·18민주화운동 열사들의 묘역을 참배하면서 마음속으로 울었다. 그는 대학에 들어가 운동권 친구 이영진을 만나기 전까지 1980년 당시 광주에서 일어난 일을 TV와 신문 보도처럼 폭동으로 인식하고 있었다. 대학 동기 친구를 통해 광주의 진실을 알고부터 그는 치가 떨리는 분노를 느껴 며칠 동안 잠을 이룰 수 없었으며, 공장 노동자 시절 그렇게 폭동으로 오인했던 것이 당시 희생당한 민주열사들에게 심히 부끄럽고 미안하여 숱한 나날을 번뇌하지 않을 수 없었다.

광주를 다녀와서 이재명은 대권 도전을 선언했다. 그리고 자신의 페이스북에 다음과 같이 글을 올렸다.

'어머니가 제 생물적 삶을 주셨다면 광주는 저의 사회적 삶을 시작하게 한 곳이었습니다.'

그리고 2017년 1월 23일 이재명은 청소년 시절 자신이 다니던 상대원공단 오리엔트시계 공장에서 민주당 대통령 후보 경선을 대비한 대선 출정식에 휠체어를 탄 팔순 어머니를 위시한 가족들과 함께 나와 다음과 같이 출사표를 던졌다.

"힘겨운 노동에 시달리던 그 소년 노동자의 소망에 따라 대한민국 제
19대 대통령 선거 출마를 고합니다."

이재명은 대통령 출마 선언과 함께 공약을 발표했다.
그리고 나서 이재명이 어머니를 위시하여 차례대로 가족을 소개
할 때 그곳에 모인 그의 지지자들은 울컥하는 심정이 되지 않을 수 없
었다.

"이제 제 과거와 가족 이야기를 좀 하겠습니다. 저는 초등학교를 졸
업한 1976년 봄부터 깔끔한 교복 대신 기름때 묻은 회색 작업복을 걸
친 채 어머니 손을 잡고 공장으로 향했습니다. 솜털이 남아 있는 고
사리손 아들을 시커먼 고무공장까지 바래다준 어머니는 상대원시
장 화장실 앞에서 휴지를 팔아야 했습니다. 시장 화장실에서 밤 열
시가 넘어 퇴근하시고도 철야를 마치고 새벽 네 시가 되어야 귀가하
는 어린 아들을 기다려 주셨습니다. 고된 밭일로도 자식들 먹여 살리
기 어려워 약장사에 밀주까지 팔면서 힘겨운 삶의 무게에 부엌 구석
에서 몰래 우시던 어머니, 고무공장 샌드페이퍼에 깎여 피가 배어 나
오는 제 손바닥을 보고 또 우셨습니다. 벨트에 감겨들어 뭉개져버린
제 손가락을 보고 또 우셨고, 프레스 사고로 비틀어져버린 제 왼팔을

파워풀 이재명

보고 또 우셨고, 단칸방 가족들이 잠들었을 때 마당에 물통을 엎어놓고 공부하던 저를 보고 우셨고, 장애와 인생을 비관해 극단적 시도를 두 번이나 하는 저를 보고 또 우셨습니다. 지금은 또 자식들 문제로 힘들어 하십니다. 죄송합니다, 어머니! 그 소년 노동자가 오늘 바로 그 참혹한 기억의 공장에서 대한민국 최초의 노동자 출신 대통령이 되려고 합니다. 뜻 깊은 자리이니 가족들을 소개해드리겠습니다. 일곱 남매를 위해 평생을 바쳐온 제 어머님, 여기 와 계십니다. 그리고 청소회사 직원인 제 둘째 형님이십니다. 그리고 환경미화원으로 일하는 사랑하는 동생입니다. 상대원시장 청소원으로 일하시다 돌아가신 아버님은 이 자리에 안 계십니다. 야쿠르트 배달원을 거쳐 건물 청소 일을 하다 2년 전 새벽에 과로로 딴 세상 사람이 된 제 여동생은 저 하늘에서 오빠를 격려하고 있을 것입니다. 한때 가장 사랑했고 가까웠던 셋째 형님, 안타깝게도 지금 이 자리에 함께하지 못했습니다. 죄송합니다. 마지막으로 흠 많고 부족한 저 대신 모든 것을 감수하고, 언제나 제게 힘이 되어준 제 아내와 아이들입니다. 저의 모든 판단과 행동과 정책은 제 삶의 경험과 가족, 이웃의 현실에서 나옵니다. 약자의 희생으로 호의호식할 수 없었고, 빼앗기지 않고 누구나 공정한 환경에서 함께 잘 사는 것이 저의 행복이기 때문에 저는 저의 행복을 위해 싸웠을 뿐입니다. 그러므로 저의 약속은 스스로의 다짐

일 뿐 누군가에 대한 제안이 아닙니다. 그래서 그 약속은 거짓일 수
도 포기할 수도 없습니다.”

이재명의 일가족이 모두 눈물의 단련으로 그에게 대통령 출마 결
단을 내리게 한 것이었다. 따라서 그의 인내력과 결단력은 눈물의 단
련에서 비롯된 것이고, 철저하게 서민 생활을 바탕에 둔 체험적 정치
철학의 새로운 면모를 보여주고 있다.

다음은 이런 대통령이 되겠다는 이재명의 진정 어린 결심이다.

‘국민 여러분!

저는 이런 대통령이 되려고 합니다.

먼저 역사상 가장 청렴 강직한 대통령이 되겠습니다.

윗물이 맑아야 아랫물도 맑습니다. 대통령이 부패하면 관료도 부패
하고, 대통령이 불공정하면 차별과 반칙, 특권이 활개 칩니다. 성남
시장이 된 후 시정에 개입하려는 형님을 막다가 의절과 수모를 당했
습니다. 평생을 부정부패와 싸우고, 인간적 고통을 감수하며 청렴을
지킨 이재명만이 부정부패를 뿌리 뽑을 수 있습니다.

둘째, 약자를 위한 대통령이 되겠습니다.

대통령은 강자의 횡포로부터 다수의 약자를 지키라고 권력을 부여

받았습니다. 그런데 그는 강자 편을 들어 약자를 버렸습니다. 세월호 학생들을 구하지 않았고, 국민의 노후자금을 빼내 삼성 이재용의 불법 상속을 도왔습니다. 이런 강자를 위한 권력, 비정상의 권력을 청산하겠습니다.

셋째, 친일 독재 부패를 청산한 첫 대통령이 되겠습니다.

과거청산을 하지 못한 우리에게 이번 대선은 천재일우의 기회입니다. 친일매국세력은 쿠데타, 광주학살, 6·29선언으로 얼굴만 바꿔 이 나라를 계속 지배해왔습니다. 이 악순환의 고리를 끊겠습니다.

넷째, 금기와 불의와 기득권에 맞서 싸우는 대통령이 되겠습니다.

소년 노동자의 참혹한 삶을 탈출하여 영달을 꿈꾸던 저는 '광주사태'라 매도하던 민주화운동의 진실을 목도하면서 불의에 맞서 공정한 세상을 만드는 삶을 결정했습니다. 판검사 대신 인권변호사가 되었고, 시민운동가로서 구속 수배를 감수하며 부정과 싸웠고, 친인척 비리를 차단하려고 가족과 싸웠고, 정치생명을 걸고 종북몰이와 싸웠고, 시민을 위해 대통령과 싸웠습니다. 희생을 감수하며 끊임없이 싸워 이겨 온 저만이 거대 기득권 삼성재벌과도 싸워 이길 수 있다고 단언합니다.

다섯째, 약속을 지키는 대통령이 되겠습니다.

저는 지키지 못할 약속을 하지 않고, 약속은 반드시 지켰습니다. 공

약 이행률 96%로 전국 최고이며, 저는 때와 장소에 따라 말을 바꾸지 않습니다.'

눈물로 단련된 인내력은 이재명으로 하여금 대통령의 꿈을 꾸도록 만들었고, 마침내 그는 당당하게 대선에 도전하는 출사표를 던질 수 있었다.

이재명의 눈물로 점철된 인생은 그의 꿈을 단계별로 상승하게 만들었다. 초등학교 때와 공장 소년 노동자 시절에는 단순히 매를 맞지 않기 위해 선생님과 회사 간부가 되고자 했고, 사법고시에 패스하여 사법연수원 수료를 한 후에는 판검사의 유혹을 물리치고 서민들의 고충을 도와주는 인권변호사가 되었으며, 지방자치단체장으로 성남시장 재선을 거쳐 경기도지사로 풀뿌리 민주주의의 정치행정을 경험하면서 마침내 대통령의 꿈을 꾸게 되었다. 이처럼 소년기, 청년기, 그리고 중·장년기로 이행해 가는 과정 속에서 그는 인생역전의 드라마를 연출했고, 그의 꿈 역시 성장을 거듭해나갔다.

이와 같은 이재명의 마른 눈물 속에는 특히 어머니의 눈물이 녹아 있었다. 남몰래 그를 위해 숨어서 흘린 어머니의 눈물이 있었기 때문에 그는 이를 악물고 인내력을 키워 단단한 가슴으로 당당하게 세상과 맞설 수 있었다. 그는 철벽같은 세상과 조우할 때마다 결코 누구에게도 눈물을 보여주지 않았다. 어머니가 대신 울어주었기 때문에, 그는 눈물을 안으로 삼키고 마음속에 철벽보다 더 단단한 인내력을 키워 공정하지 못한 세상을 향해 촌철(寸鐵)의 정신으로 정의와 공정의 화살을 날릴 수 있었던 것이다.

제3장

추진력

'태클'은 프로세스의 한 단계일 뿐

이 세상 어떤 일이든, 작은 일이든 큰일이든 이루어가는 과정 속에서 반드시 우여곡절을 겪기 마련이다. 시종 순조롭게 진행돼 바람직한 결과를 얻는 경우는 드물다.

인생이란 그 자체가 과정의 연속이며, 결국 끝나지 않는 과정 속에서 생을 마감하게 되어 있다. 요즘 트로트가 유행하고 있는데, 많은 사람들이 애창하는 노래 중 '내 인생에 태클을 걸지 마'라는 가사가 있다. 인생을 살다 보면 누군가 또는 어떤 사건이 태클을 걸어와 뜻한 바대로 진행이 되지 않는 경우가 많다. 어떤 때는 캄캄한 절벽처럼 인식되어 더 이상 진행하지 못하고 그 자리에 주저앉고 싶을 정도로 막막한 상황에 처할 때도 있다.

인생에서 태클은 극복하라고 있는 것이다. 자연적인 현상일 뿐 유독 자기 자신의 앞날에만 나타나는 절벽이 아니라는 이야기다. 그래서 '인생이란 하나의 과정'이라고 말하는데, 그러한 과정을 영어로는 '프로세스(Process)'라고 한다. 사전적인 의미로는 일이 처리되어가는 공정이나 경로를 의미하고, 컴퓨터 용어로는 실행중인 프로그램, 즉 '태스크(Task)'를 뜻한다. 당연히 거쳐 가야 할 '일' 중의 하나라는 이야기다.

따라서 인생의 과정은 자연현상과 같으므로 크게 놀라거나 억울해하거나 좌절할 필요가 없다. 당연히 거쳐야 하는 단계이기 때문이다. 이러한 자연현상을 쉽게 풀이할 수 있는 것이 '물의 흐름'이다.

물은 높은 데서 낮은 데로 흐르고, 가는 도중 걸림돌이 나타나면 흐름의 세기에 따라 타고 넘거나 돌아서 나간다. 더 큰 언덕을 만나 흐름을 지속할 수 없을 때는 그 자리에 멈추어 호수가 되었다가 가득 차오르게 되면 둔덕을 흘러넘쳐 그 아래로 폭포수가 되어 떨어져 내린다. 큰 산을 만나면 우회를 하고, 밋밋한 산비탈은 깎아내면서 길을 터 하천을 이루고, 들판을 지나며 강이 되어 큰 바다로 흘러들어 마침내 하나를 이룬다.

인생도 물의 흐름과 같다. 처음 원천(源泉)은 높은 산중 깊은 계곡의 샘물에서 시작되어 그 흐름이 개천을 이루고, 큰 하천이 되고, 유장한 강을 만들어 넓고 큰 바다에 이른다. 이렇게 우여곡절을 거쳐 큰 바다로 나가 하나가 되는 것을 인생에서는 흔히 '대성(大成)', 즉 '크게 성공했다'고 말한다.

이재명처럼 인생을 살아오면서 우여곡절을 많이 겪은 사람도 흔치 않을 것이다. 그는 경상북도 안동시 예안면 도촌리 지통마을에서 5남 2녀 7남매 중 넷째아들로 태어났다. 그의 위로 형 세 명과 누이 한 명이 있었으며, 그의 아래로 남동생과 여동생이 각기 한 명씩이었다. 아버지(이경희)와 어머니(구호명)은 1931년생 동갑내기로 가난한 집에서 자식들만 줄줄이 낳아 생계가 막연했다.

그래도 그 옛날에 이재명의 아버지는 일반 하사관으로 공군 복무를 하였으며, 제대한 후 뒤늦게 공부를 시작해 청구대학을 중퇴한 이른바 '먹물' 출신이었다. 당시에도 집안이 가난했으므로 학업을 끝까지 못 마친 것이었다. 결혼 후 그의 아버지는 한때 강원도 태백의 광산에서 탄광 관리자 일을 하다가 잠시 교사 생활을 한 적도 있다. 그러다 지통마을로 돌아와서 집안을 돌보기보다 담배 총대(總代)를 맡아 이웃의 여러 동네를 돌아다니는 등 가정 이외의 일에 더 신경을 많이 썼다.

지통마을은 닥나무를 많이 생산하는 안동 청량산 자락의 깊은 산골이었다. 청량산은 안동과 봉화에 걸쳐 있는 기암괴석으로 이루어진 험산이다. 그 안동 쪽의 산자락에 자리한 지통마을은 그야말로 첩첩

산중의 '깡촌'이라 할 수 있었다. 이재명은 그곳에서 삼계초등학교를 다녔다. 집안이 너무 가난했기 때문에 척박한 시골에서는 먹고살 길이 막막해지자, 아버지는 그가 초등학교 3학년 때 대처로 나가고 없었다. 돈을 벌기 위해 큰 도시로 갔다고 하는데, 그 이후 오래도록 아버지는 집과 연락 두절 상태라 어머니가 전적으로 자식들의 생계를 책임져야만 했다. 그의 첫째와 둘째 형, 그리고 누나도 이미 나이가 들어 집을 떠난 상태라 시골집에는 어머니와 4남매만 남아 있었다.

안동 산골짜기의 지통마을은 몹시 추운 곳이어서 특히 겨울에는 방안의 물그릇조차 얼어 터지는 추위가 오래도록 계속되었다. 이재명은 초등학교 시절 '코찔찔이'라는 별명을 갖고 있었는데, 방한이 제대로 되지 않는 허름한 옷을 입고 먼 거리까지 학교를 다니다 보니 겨울철에는 감기가 떨어질 날이 없었다. 그래서 늘 코를 훌쩍거렸던 것인데, 콧물이 흘러내릴 때마다 옷소매로 훔쳐내 번들번들해지는 바람에 어머니에게 야단을 맞은 적도 한두 번이 아니었다.

이재명의 어머니는 자식들의 입에 거미줄 칠까봐 낮에는 남의 밭일을 하고 밤에는 막걸리를 빚거나 음식을 만들어 팔아 생계를 유지했다. 그런 힘겨운 삶을 살다 보니, 어머니는 자식들 몰래 부엌 귀퉁이에서 눈물을 훔치곤 했다. 코찔찔이 아들의 옷소매에 꼬질꼬질 때와 콧물이 범벅돼 번들거리는 것을 야단친 후에도 어머니는 부엌으로 들어가 몰래 울었다. 그때 자식들이 우연히 발견하고 왜 우느냐고 물으면, 아궁이에 불을 지피며 연기가 매워 그렇다며 얼버무리곤 했다.

이재명이 초등학교를 졸업할 무렵, 아버지는 경기도 성남시에 방한 칸을 마련하고 식구들을 불러올렸다. 그때 셋째 형은 중학교를 졸업한 직후였다. 아버지가 시골집으로 연락해 어머니로 하여금 가족을 모두 데리고 상경하라고 했을 때만 해도 '서울 변두리의 어느 곳'인 줄 알았다. 그런데 막상 아버지가 가르쳐준 대로 거처를 물어물어찾아오고 보니 경기도 성남시 변두리의 산자락에 있는 빈민촌이었다. 당시 서울시의 무허가 판자촌에서 집단 이주정책에 의해 쫓겨난 도시빈민들이 정착한 곳으로, 이재명의 가족들은 허름한 집의 단칸방에세를 들어 살게 되었다.

당시 이재명의 아버지는 성남시 상대원시장에서 청소 일을 하면서 틈틈이 고물 수집을 해 겨우겨우 생계를 유지해나가고 있었다. 온가족이 성남으로 이주한 후에는 모두가 돈벌이에 나서지 않으면 안되었다. 아직 초등학교에 다니는 막내아들과 딸만 빼고 모두들 생활전선에 뛰어들었다. 어머니는 상대원시장 화장실 옆에서 휴지를 팔았고, 큰형은 건설현장에서 일용직 노동자로, 둘째 형은 청소회사 직원으로, 누나는 요양보호사로 일했다. 중학교를 졸업한 셋째 형도 상대원공단의 공장에 취직을 했다.

갓 초등학교를 졸업한 직후인 이재명도 12세 때부터 밥벌이에 나섰다. 처음에는 나이가 너무 어려서, 아버지가 그의 실제 나이보다 서너 살은 더 먹은 것으로 속이고 목걸이 만드는 공장에 취직시켜 주었다. 간판조차 내걸지 않고 일하는 영세 공장이라 제대로 된 시설조차 미비한 데다 염산과 납을 다루는 작업은 위험천만했다. 염산은 조금만 방울이 튀어도 살이 지글지글 타들어 갈 정도로 강하고 냄새 또한 지독했다. 불 위에 놓고 끓이는 납도 그 증기를 고스란히 들이마시면서 일을 해야만 했으므로, 몸에 해로운 것은 두말할 나위도 없었다.

그렇게 고위험도의 일을 한 이재명은 그나마도 세 달치나 밀린 월급을 받지도 못하고 그만두게 되었다. 공장 사장이 부도를 내고 야반도주해버린 것이었다. 그리고 그다음부터 동마고무 · 아주냉동 · 대양실업 · 오리엔트시계 등의 공장을 옮겨 다니며 돈을 벌어야만 했다.

그렇게 공장을 전전하면서 이재명은 두 번의 산재 사고를 당했다. 동마고무에서는 동력기에 부착된 샌드페이퍼로 고무제품을 가는 일을 하다가 벨트에 손가락이 휘감기는 사고였고, 두 번째는 대양실업에서 야구 글러브를 만들기 위한 쇠가죽 절단 작업을 하다가 아차 하는 순간 기계식 프레스에 왼쪽 팔뚝을 찍히는 불상사가 발생했다. 사고 당시 병원 치료를 간단히 받았는데, 그로부터 2년 후에 보니 왼쪽 팔이 심하게 휘어져 있었다. 왼쪽 팔뼈 중에서 하나가 자라지 않아 그렇게 된 것인데, 오른팔보다 왼팔이 2~3센티미터 짧아 결국 장애인 6급 판정을 받았다. 그 이후 왼쪽 팔로는 무거운 짐을 들 수 없었고, 나중에 성인이 되어서는 신체검사에 불합격 판정을 받아 군대에도 입대하지 못했다.

이재명은 그렇게 산재 사고까지 당하면서 공장을 전전했지만, 월급을 제때에 받아본 적이 별로 없었다. 그가 제대로 월급을 딱딱 받게 된 것은 오리엔트시계에 취직하고 나서였다.

이재명이 중학교 검정고시를 보겠다고 마음먹은 것은 바로 그때부터였다. 당시 그의 식구들은 부모와 5남 2녀의 자식이 비좁은 단칸방에서 함께 살았다. 때마침 누이가 시집을 가서 여덟 식구가 한방에서 잠을 잤는데, 그가 불을 켜놓고 밤늦게까지 공부를 하자 아버지가 "그깟 공부는 해서 뭐 하냐?"라며 전기 스위치를 확 내려버리기도 했다.

그런 아버지를 원망하며 이재명은 자신의 처지를 비관한 나머지 두 번이나 자살을 시도하기도 했다. 그는 동네 약국을 찾아가 수면제를 구입했다. 약사가 수면제는 무엇에 쓰려고 하느냐며 의심스러운 눈초리로 물을 때마다 잠이 오지 않아서 그런다고 대답했다. 미성년자에게는 수면제를 팔 수 없다며 거절했지만, 그는 끝까지 고집을 부렸다. 그러자 약사는 제조실로 들어가 무슨 약통에서 알약을 꺼내 한

봉지 싸주었다.

첫 번째 자살을 시도할 때는 아버지에 대한 원망의 글을 유서로 써서 남긴 채 방안에 연탄불을 피워놓고 수면제를 한 움큼 먹었다. 낮에는 집안 식구들이 모두들 일을 나갔기 때문에 그는 공장에도 가지 않고 홀로 방안에 누워 저승사자가 오기를 기다렸다. 그러나 도무지 잠이 오지 않았고, 연탄불까지 꺼져 자살 기도에 실패하고 말았다. 두 번째에도 똑같은 방법으로 죽으려 했으나, 때마침 과일 행상을 하던 매형이 집에 들렀다가 그 장면을 발견하는 바람에 살아났다. 나중에 안 일이지만, 그가 먹은 수면제는 가짜였다. 미성년자가 수면제를 달라고 하자, 약사가 소화제를 처방해 준 것이었다.

이때부터 이재명은 새로운 용기를 얻었다. 물에 빠진 사람이 바닥까지 내려가 두 발로 땅을 박차고 오르면 수면 위로 올라오는 힘이 생기는 법이었다. 삶의 밑바닥, 즉 죽음 가까이까지 가본 그는 새로운 깨달음을 얻었다. 아직 어린 나이였지만 그는 삶과 죽음이 두렵지 않았다. 손바닥을 뒤집으면 손등이 나오듯, 삶을 뒤집으면 죽음이 되고 그 반대로 하면 다시 삶이 되는 것이었다. 그의 두 번에 걸친 자살 기도는 죽음의 반동으로 용수철처럼 뛰어올라 더욱 치열한 삶을 살아갈 수 있도록 해주는 힘이 되었다.

이재명은 다시 열심히 공장에 다니며 중학교 과정 검정고시 공부에 매달렸다. 그는 한여름에 마당 평상에 고무함지를 엎어놓고 공부를 했다. 방안에서는 부모와 형제들이 고단한 잠을 자기 때문에 아무리 모기에 뜯기더라도 평상에서 불을 켜놓고 공부에 매진할 수밖에 없었던 것이다. 어머니는 그런 그의 모습을 보고 너무 애처로워 몰래 숨어서 눈물을 흘렸다.

이렇게 열심히 노력한 끝에 이재명은 마침내 중학교 검정고시에 합격했다. 같이 초등학교를 졸업한 동기생들이 중학교 2학년에 올라갔을 때 그는 뒤늦게 검정고시 공부를 시작했지만 1년 만인 1978년 8월에 합격해 그들보다 한 학기가량 빨리 중학교 졸업 자격증을 획득했다.

이재명은 중학교 졸업 자격증으로 만족할 수 없었다. 다시 고등학교 검정고시 공부에 매진하고, 마침내 1980년 봄에 고등학교 졸업 자격증까지 따게 되었다. 중학교와 고등학교 검정고시를 각기 불과 1년 남짓한 기간 안에 패스한 것이었다.

고등학교 졸업 자격증을 딴 후 이재명은 다시 대학입시에 도전장을 던졌다. 불과 1년 전에 고등학교 검정고시에 패스했다고는 하나, 그는 기존 고등학교 학생들과는 달리 대학입시 공부를 하지 않았으므로 경쟁력에서 그만큼 불리할 수밖에 없었다. 그러나 자신의 미래에 인생을 걸고 죽기 아니면 살기로 목표를 달성하겠다는 의지를 불태워 그는 주경야독으로 대학입시에 몰두했다.

확실한 목표가 주어지면 행동이 따라주기 마련이다. 그것은 곧 추진력이라고 말할 수 있다. 두 번씩이나 자살기도를 경험한 이재명으로서는 두려울 것이 없었다. 그의 알파 엔진은 어려움에 닥쳤을 때 용수철처럼 튀어 오르는 힘을 갖고 있었다.

확실히 이재명은 대학입시에 응하는 일반 고등학교 학생들보다 불리한 조건이 많았다. 그들은 하루 종일 공부에만 몰두할 수 있었고, 중요한 과목의 경우 학원에 다니면서 실력을 향상시키는 기회가 주어졌지만, 그에게는 공장 생활이라는 현실이 눈앞을 가로막고 있었다. 낮에는 공장에서 일하고 밤에만 틈을 내어 공부해야 하므로, 최악의 조건 속에서 어떻게 어려운 현실을 타개해 나가느냐가 관건이었다.

1981년 3월, 학원들이 개강할 무렵이었다. 이재명은 혼자서 공부를 하는 것만으로는 목적한 바를 달성하기 어렵다고 판단하고, 성남시에서 그래도 접근성이 좋은 서울시 답십리에 있는 삼영학원에 등록했다. 당시 그는 오리엔트시계에 다니고 있었는데, 그나마 그동안 다니던 다른 공장들보다 제대로 체계를 갖춘 직장이어서 출퇴근이 명확했다. 월급도 꼬박꼬박 나와 학원 등록도 할 수 있었다.

학원에 등록한 후 이재명은 직장에서 퇴근하기 무섭게 성남시 상대원동에서 서울시 답십리까지 가는 버스 정류장으로 달려갔다. 학원

강의를 들으려면 정확한 시간에 답십리행 버스를 타야만 했기 때문이다. 자투리 시간도 허비할 수 없었으므로, 버스 안에서 그는 영어 단어장을 꺼내 입으로 중얼대며 외웠다. 심지어는 화장실에 가서도 책을 펼치고 앉아 밑줄을 그어가며 암기과목을 공부하다 깜빡 졸기까지 했다.

그러나 성남시 상대원동에서 서울시 답십리까지 버스로 왕복하는 것은 너무도 고단한 일이었다. 퇴근 시간 만원버스에서 시달릴 때는 시간이 아깝기까지 했다. 이재명은 몇 달 학원에 다니다가 오가는 시간이 아까워 성남시 집 근처의 독서실에서 공부하기로 마음먹었다. 그런데 독서실에 들어가 자리에 앉으면 졸음부터 쏟아졌다. 낮에 직장에서 일을 했기 때문에 체력이 견디지 못했던 것이다.

생각다 못한 이재명은 책상에 책을 펼치고 양쪽 팔을 얹은 상태에서, 그 양편의 팔이 뻗어 나간 방향을 따라 압정을 나란히 세워 테이프로 고정시켰다. 자신도 모르는 사이 몸이 흐트러지면서 쓰러져 졸지 않기 위한 방편이었다. 그래서 약간 졸음이 쏟아져 자세가 기울면 저절로 팔이 압정에 찔려 잠을 쫓기 위한 고육지책이었다. 그렇게 졸다가 깨어나 정신을 차리고 공부를 했다.

그러던 어느 날 독서실에서 공부하다가 깜빡 졸다 깨어났는데, 이재명은 한쪽 팔이 압정에 찔려 피를 흘리면서도 잠을 자고 있었다는 것을 알았다. 그 순간, 자신도 모르는 사이 눈물이 나왔다. 그러나 그

파워풀 이재명

는 휴지로 팔뚝의 피를 닦아내면서 이를 악물었다. 하찮은 압정에 찔려 눈물을 보일 정도로 마음이 허약해서야 무슨 일을 달성할 수 있겠냐는 자격지심이 발동한 것이었다.

이때 이재명은 자신에게 반드시 달성해야 할 목표가 있음을 다시금 마음속에 새겨두었다. 대입학력고사에서 전국 순위 2000등 안에 들지 못하면 그동안의 공부가 헛수고로 돌아갈 판이었다. 다른 입시생들이야 그보다 못한 성적을 받더라도 일류대학에 입학할 수 있었다. 등록금을 대줄 능력 있는 부모가 있기 때문이었다. 그러나 그는 특별장학금을 받지 못하면 대학에 갈 수 있는 성적이 된다고 하더라도 입학금을 낼 능력이 없기 때문에 포기해야만 했다. 반드시 2000등 안에 들어야만 하는 이유가 거기에 있었다.

당시 전국 고등학교의 수가 2000개교가 넘었다. 그렇다면 고등학교에서 늘 전교 수석을 할 정도의 실력이 되어야만 어렵게 2000등 안에 들 수 있다는 계산이 나왔다. 그러나 이재명은 고등학생도 아니고 순전히 검정고시로 중·고등학교 졸업 자격증을 획득했으므로, 고등학교 학생들의 능력이 어느 정도인지도 파악할 수 없는 상황이었다. 그러므로 그들보다 두세 배는 노력을 해야만 전국 학력고사 2000등 안에 들 수 있으리라 생각했다.

하루에 두 시간을 자면서 공부했지만, 이재명은 그래도 불안해서

견딜 수가 없었다. 그는 낮에 오리엔트시계에 근무하면서 짬짬이 공부할 수 있는 방법이 없을까 고민을 해보았다. 그러다가 다른 종업원들 모두가 기피하는 작업에 자원했다. 냄새가 지독해 사방이 차단된 독방에서 시계 문자판에 래커 칠을 하는 작업이었다. 독방이므로 틈틈이 영어 단어를 욀 수 있는 짬을 낼 수 있었는데, 그는 시너와 아세톤 냄새를 맡아가며 작업을 하는 틈틈이 영어 단어를 외웠다. 지독한 냄새 때문에 가끔 밖으로 나와 바람을 쐬면서 일을 해야 하는데, 그는 공부하는 시간이 아까워 하루 종일 독방에서 나오지 않았다. 그러다 보니 너무 무리를 해 결국 후각의 60%를 상실하는 장애를 입게 되었다. 그 이후부터 냄새를 잘 못 맡아 식욕을 돋우는 음식 특유의 맛을 제대로 느끼지 못하는 불편을 감수해야만 했다.

대입학력고사 시험을 100일 남짓 앞둔 1981년 7월 말경, 이재명은 과감하게 오리엔트시계에 사표를 냈다. 공부에만 전념하기 위해서였다. 그는 전에 다니던 서울시 답십리에 있는 삼영학원 주간반에 등록하여 8월부터 10월까지 3개월 동안 공부에 몰두했다. 그리고 밤에는 독서실에서 역시 양쪽 팔뚝 옆에 압정을 고정시키고 졸음을 참아가며 집중적으로 대학입시에 대비하여 총력을 기울였다.

그리고 이재명은 자신이 목표를 세운 대로 대입학력고사 점수 전국 순위 2000등 안에 들어 어느 대학이든 마음대로 골라서 진학할 수 있게 되었다. 그는 당시 4년 동안 등록금을 내지 않아도 되는 특별 장학생제도에서 파격적으로 매월 20만 원씩 생활보조금까지 주는 중앙대학교 법학과를 택했다. 1982년 3월, 드디어 그는 '82학번'으로 대학 생활을 시작했다.

정치인 중에서도 이재명은 어떤 일을 하든지 매우 추진력이 강하다는 말을 듣는다. 그 추진력은 청소년 시절의 공장 생활과 대학입시 공부의 기억에서 나온다. 그때 겪었던 고난, 그 고난을 극복하려는 의지가 이재명의 파워 배터리다. 그가 생각하는 시간은 과거, 현재, 미래가 연속적으로 연결고리를 갖고 있다. 과거는 죽은 시간이 아니라 다시 되새기는 과정에서 현재에 영향을 주고, 그것이 바로 미래의 희망으로 연결된다.

인생이라는 길 위에는 도처에 위험 요소가 도사리고 있다. 언제 어디서 누가 혹은 무엇이 '태클'을 걸어올지 모른다. 그러나 이재명은 이미 어린 시절부터 가난을 겪으면서 경험한 고난이 극복 의지를 강화시켜, 과감한 추진력과 투지력을 발휘해 정면으로 승부하는 기질의 정치인이 되었다.

물이 산골짜기 샘에서부터 솟아 계곡을 거쳐 하천과 강을 지나 바다에 이르듯이, 이재명은 안동 청량산 자락의 깊은 산골에서 태어나 성남시로 나왔고, 그곳에서 잔뼈가 굵어 시장이 되었다. 재선 시장을 거쳐 드디어 제19대 민주당 대통령 후보 경선에 도전했다. 정치의 바다로 나온 것이다.

2017년 이재명은 대선 출마 선언을 할 때 장소를 성남시 상대원 공단에 있는 오리엔트시계 공장으로 정했다. 그가 대학에 진학하기 전 마지막까지 다닌 직장이다.

"이곳은 12세 때부터 어머니 손을 잡고 학교 대신 공장에 출근했던 빈민 소년 노동자의 어릴 적 직장입니다. 바로 여기서 저는 힘겨운 노동에 시달렸던 그 소년 노동자의 소망에 따라 대한민국 19대 대통령선거 출마를 여러분께 고합니다."

이렇게 시작한 이재명의 대선 출마 선언의 첫 대목은 "아무도 억울한 사람이 없는 공정한 나라"를 만들겠다는 강한 의지의 표현이었다. 정치의 바다는 격랑이 심하지만, 그는 거기에 굴하지 않고 늘 형평성을 고려한 균형감각을 무기로 삼아 국민 행복을 위한 안전하고 도전적인 항해의 실천을 꿈꾸고 있다.

열린 귀로 듣고, 자신감으로 추진한다

　자유민주주의 체제에서 '불통'은 가장 경계해야 할 해악 중의 하나다. 특히 대통령 중심제의 경우 '고집불통'의 인물이 그 자리에 앉으면 물에 뜨는 배를 산으로 몰고 가는 우를 범하게 된다. 그 배에는 선장(대통령)과 선원(정치인)만 아니라 모든 국민이 승선해 있기 때문에 전복되는 사고가 절대로 일어나서는 안 된다. 하지만 불통은 배를 엉뚱한 곳으로 끌고 들어가 결국 대형 사고를 일으키고야 만다.

　한국의 정치사를 되돌아보면 고집불통의 제왕적 대통령이 너무 많았다는 생각을 지우기 어렵다. 그들은 결국 독재정치로 민주주의 정신을 독선적인 말이나 군홧발로 무시하고 짓밟았다. 그들에게 소통은 없었고, 대통령 권한을 이용해 명령을 하달하기만 했다. 그리고 그 밑의 수하들은 명령에 절대복종하는 군대의 수직적 관계를 현실 정치에 그대로 적용하여 무소불위의 권력을 휘둘렀다.

대통령제는 국가원수와 행정수반의 권한을 대통령 1인이 가지고 있다. 따라서 설사 독재 권력이 아니라 하더라도 민의가 제대로 반영되지 않는 '불통의 정치'를 한다면 배가 산으로 갈 수밖에 없다. 모름지기 대통령은 귀가 커서 바른말을 하는 행정 관료들의 말을 새겨들어야 하고, 행정 관료들은 일부 기득권층이 아닌 일반 서민의 정서를 읽고 대통령에게 전하는 소통의 리더십 시스템이 제대로 갖추어져 있어야 한다.

임기 말 레임덕(lame-duck) 현상이 일어나는 것은 대통령제의 단점이 그대로 드러나는 대표적인 사례다. '레임덕'은 영어 뜻 그대로 '다리를 뒤뚱거리는(lame) 오리(duck)'에 비유해 집권 말기의 지도력 공백 상태를 풍자하는 말이다. '불통의 정치'를 해온 대통령일수록 레임덕 현상은 더욱 심화된다. 무소불위의 권력을 행사하다 보니 대통령과 행정 관료들의 귀가 멀어 국민들의 의견이 제대로 정치에 반영되지 않기 때문에 결국 정치의 공백 상태가 오고 마는 것이다. 이때가 되면 기회주의적인 행정 관료들은 은근히 차기 대통령이 될 가능성이 높은 후보에게 줄을 서려고 하므로 실무를 등한시할 수밖에 없고, 간혹 그들 중에는 곧 임기를 끝낼 대통령의 말도 은근히 무시하는 경우가 없지 않다. 관심이 다른 데 가 있으니 귀 또한 그쪽으로 기울일 수밖에 없기 때문이다.

한국의 역대 대통령 임기 말 지지율이 30%를 밑도는 현상은 매우 심각한 문제가 아닐 수 없다. 이는 임기 말로 갈수록 '불통 대통령'이 되기 때문인데, 대통령 자신과 더불어 행정 관료들이 이기주의적 욕망에 사로잡혀 있는 데서 오는 폐단이다. 개인적 욕망으로 가득 찬 그들의 마음속에는 이미 레임덕 현상으로 고생하게 되는 국민은 안중에도 없다. 배불리 살을 찌워 오리처럼 무거워진 몸으로 다리를 뒤뚱거리면서, 그들은 자신들이 안주할 수 있는 보금자리를 찾아가기에 바쁘다.

소통 없는 정치는 고여 있는 물과 같다. 고여 있는 물은 썩어서 녹조현상을 일으켜 물고기들의 숨통을 막고 먹이 부족으로 죽게 만든다. 윗물이 맑아야 아랫물도 맑다는 속담은 그냥 나온 것이 아니다. 대통령이 소통을 해야 행정 관료들이 썩지 않고, 국민들이 자유로운 생활을 영위할 수 있는 것이다.

이처럼 대통령은 소통의 리더십을 발휘해야 한다. 그러므로 국민과 소통을 하려면 열린 귀로 다양한 분야의 많은 의견들을 청취해야만 한다. 지금까지 정치가들은 각 분야 행정 전문가 그룹의 지식으로 국정을 운영했다. 그러나 그러한 지식은 이론에만 치중하는 한계가 있어 자칫 국민들에게 피부에 와 닿는 행정력을 발휘하지 못하는 경우도 많았다. 실무 행정의 관건은 지식이 아니라 지혜다.

중앙집권적 대통령제는 독단으로 흐르기 쉬운데, 그동안 한국은 사실상 리더들이 정치의 워밍업 단계를 거치지 못했다. 풀뿌리 민주주의라고 하는 지방자치제가 '작은 지방 정부'로서 행정의 실행력을 키우는 역할을 해주어, 나중에는 대통령이 주재하는 '중앙정부'에서 국민 전체를 대상으로 민주적 행정력을 발휘하도록 하는 단계별 리더십 훈련이 정착되어야 한다.

한국에서는 1995년 처음 지방자치제를 실시해 민선 자치단체장을 선거로 뽑았다. 4년 임기로 2017년 민선 7기까지 이어져 오늘에 이르고 있다. 이재명은 민선 5기와 6기의 연이은 성남시장을 거쳐 현재 민선 7기 경기도지사로 도정을 운영하고 있다. 그는 기초단체장으로 풍부한 경험을 축적하여 행정력을 발휘하는 민주주의 발전 단계를 착실하게 밟아왔다.

이재명은 집단지성을 통한 소통의 리더십을 발휘해 행정의 혜택이 일부 기득권 세력보다는 가난한 서민들에게 더 많이 돌아가도록 하고 있다. 그의 귀는 항상 열려 있었고, 되도록이면 많은 사람들의 의견을 들어 시정에 반영토록 했던 것이다.

민선 5기 성남시장 당시 이재명이 추진한 시정 활동 중 시민들의 의견을 반영해 추진한 대표적인 사업이 분당-수서 고속화도로 지상공원화공사였다. 원래 이 도로는 성남시를 그대로 관통하고 있어, 그 양편의 아파트와 주택단지에 사는 시민들의 민원이 폭주했다. 일단 가장 큰 민원이 소음이었고, 매연 공해, 도시 미관을 해치는 문제가 뒤를 이었다. 거기에 사고 위험성까지 상존하여 시민 생활의 불편이 이만저만 큰 것이 아니었다.

이 민원은 이재명이 성남시장이 되기 이전인 2003년부터 제기됐던 사안으로, 국회의원이나 시장 출마자들은 누구나 분당-수서 고속화도로를 지하도로로 바꾸고 지상에 공원을 만들겠다는 공약을 단골 메뉴로 내걸었다. 이재명의 경우 처음 성남시장에 출마할 당시 너무 예산이 많이 드는 공사라 공약으로 내걸지 못했다. 그다음 국회의원에 출마할 때도 고민을 많이 했으나 실현 가능한 사업이 아니라고 판단하고 공약 사항에 넣지 않았다. 그는 반드시 책임지고 실현할 수 있는 사업만 공약에 포함시키기로 했기 때문에, 다른 후보들처럼 실현 가능성이 없는 허황한 사업은 배제하였다.

그러나 성남시민들의 민원이 워낙 오래도록 해결되지 못하자, 이재명은 2010년 민선 5기 선거 때 고속화도로의 지하도로 및 지상공원화를 공약 사항으로 내걸었다. 민선시장이 되고 나서 그는 고민에 빠졌다. 후보 시절의 공약은 시민들과의 약속이므로 반드시 지켜져야 한다는 것이 그의 생각이었는데, 이 고속화도로 사업은 미적분보다 어려운 고난도의 문제였다. 전문가들을 동원해 건설비를 뽑아보니, 적어도 3,100억 원이 투자되는 공사였던 것이다. 성남시가 빚더미에 앉아 모라토리엄까지 선언한 마당에 시의 예산으로 그렇게 큰 건설비를 확보하기란 불가능에 가까웠다.

고민 끝에 이재명은 시민들에게 공개적으로 사과를 했다.

"죄송합니다. 고속화도로의 지하화 및 지상공원화공사는 예산이 너무 많이 드는 공사라 불가능하고, 그 대신 예산의 절반 정도가 소요되는 방음 터널을 만들어드리겠습니다."

이는 공약의 실천이 아니라 공약의 조정으로, 공개사과를 하게 된 이재명으로서도 시민들에게 약속을 지키지 못하는 데 대한 부끄러움이 앞섰다. 그러나 매도 먼저 맞는 것이 좋다고 일단 사과부터 하는 것이 옳다고 판단했던 것이다.

그러나 시민들의 반발은 예상외로 거셌다. 공사 문제를 놓고 주민들과 설명회를 열었을 때, 험한 소리와 함께 담당 공무원들과 격하게 몸싸움을 하는 소동까지 일어나는 사태로 발전했다. 이재명으로서는 매우 고통스러운 시간이었고, 끝까지 시민들을 설득하기 위해 대화의 시간을 많이 가졌다. 행정력과 시민의 민원 사이에 괴리감이 느껴지는 것은 '소통의 부재'에 가장 큰 원인이 있다고 생각했기 때문이다.

자주 시민들과 대화의 시간을 가지면서 절충안을 마련해 보려고
했는데, 어느 시민이 기발한 아이디어를 냈다.

"방음터널을 기존에는 철골과 강화유리로 만들었는데, 그것보다 철
근콘크리트로 방음터널을 만들고 그 위에 흙을 두껍게 덮어 공원으
로 만들면 기존의 지하도로와 지상공원화사업보다 건설비를 훨씬 적
게 들일 수 있습니다."

시민의 이러한 철근콘크리트 아이디어는 매우 신선했다.

그동안 시민들과 여러 채널로 대화를 나누는 가운데 지상공원화사
업 아이템까지 덤으로 얻게 되자, 이재명은 즉각 사업 타당성 여부를
전문가 그룹에 의뢰해보도록 지시했다. 그 결과 철근콘크리트로 방음
터널을 만들면 기존 지하도로 건설비보다 훨씬 적은 1,800억 원이 소
요된다는 답을 얻었다. 또한 공사 도중 차량 소통에 지장을 주지 않으
므로, 교통 체증으로 도로가 주차장이 될 염려 또한 없었다. 거기에다
공사를 완료할 경우 수만 평에 달하는 지상공원이 생기게 되니, 그야말
로 빅 아이디어가 아닐 수 없었다.

이렇게 하여 2013년 7월 2km에 달하는 분당-수서 고속화도로

중 성남시 분당구 아름삼거리에서 벌말지하차도까지 왕복 6차로 구간인 1.59km의 도로 위에 철근콘크리트로 터널을 설치하고 지상공원을 만드는 공사가, 시의원들과 시민들이 참여한 가운데 격렬히 토론하고 소통하는 과정을 거친 다음 본격적으로 추진되기에 이르렀다.

이재명은 투명성 확보를 위해 시민들에게 사업 진행의 핵심적인 공법 선정과정을 설명했으며, 시민참여평가단을 공개 모집하여 심사에 참여시켰다. 이러한 과정을 거쳐 2015년 7월에 공사를 시작했으며, 2021년 말까지 공사를 완료하기로 했다.

공사에 착수하기까지 어려운 과정을 거쳤지만, 이재명은 이 새로운 아이디어를 창출하는 힘이 많은 시민들과 소통하는 과정에서 비롯하였다는 사실을 매우 중요하게 생각했다. 이는 곧 시민의 지혜에서 나온 창의적인 아이디어이며, 집단지성의 힘이었던 것이다. 그는 이를 통하여 다시금 '소통의 정치'를 경험하게 되었다. 그리고 이 공사를 통해 자신의 공약을 지키겠다는 의지를 실천함으로써 시민들에게 그만이 가지고 있는 뚝심 있는 리더십을 확인시켜주었다. 공약 실천의 의지는 사업을 추진하는 강한 힘이 되었으며, 반드시 이루고야 말겠다는 목표의식은 시민들의 성원까지 더해져 비용을 적게 들면서 효과는 배가되는 놀라운 추진 장약으로 작용했다.

좋은 정책은 끝까지 관철한다

지지를 호소하는 것과 구걸하는 것은 엄연히 다르다. 선거철마다 거지 근성이 붙어 유권자에게 표를 구걸하는 정치인들처럼 꼴불견은 없다. 그들은 유치하고 치사하기 짝이 없는 과장된 몸짓과 표정으로 유권자들에게 온갖 아부를 떤다. 선거만 잘 치르면 모든 국민이 잘사는 나라 행복한 나라가 될 것처럼 헬륨 가스 풍선 띄우기에 여념이 없다. 축제 분위기를 연출해 유권자들 앞에서 춤도 추고 노래도 부른다. 말로 펑펑 풍선까지 띄우니 축제임에 틀림없다.

그러나 공기가 희박한 하늘까지 올라가 결국 터져버리는 헬륨 가스 풍선처럼, 막상 선거가 끝나고 나면 말만 번드르한 공약은 말짱 물거품이 되고 만다. 결국 풍선효과의 결말이 어떻다는 것을 알면서도 유권자들은 여야 불문하고 그 얼굴이 그 얼굴이라 진위(眞僞)의

구분이 흐릿하므로, 인물보다 당을 보고 찍거나 여야 모두 싫으면 아예 엉뚱한 후보자에게 한 표를 던진다. 엉뚱한 후보를 찍어 사표를 만드는 것도 유권자의 권한이긴 하지만, 소중한 한 표가 실효적 가치를 얻지 못하는 것은 매우 안타까운 일이다.

해방 이후 자유민주주의 체제의 국가를 만들기 위해 70여 년 피와 땀을 흘리며 이룩해 놓은 한국의 선거풍토가 대체로 그러하다. 민주주의의 축제가 바로 선거인데, 실상 선거기간이 되고 보면 '그들만의 축제'로 변질되고 마는 것이다. 많은 사람들이 다니는 사거리마다, 지하철이나 공원이나 아파트 단지 입구 등에 서서 노래 부르고 깃발 흔들며 후보 지지를 호소하는 알바 운동원들이 있다. 유행가를 그들 정당의 구미에 맞게 개사한 선거 로고송을 시끄럽게 틀어놓고 춤을 추니 그야말로 축제 분위기다. 그러나 대부분의 유권자들은 그들이 보기 싫어 아예 외면한 채 지나쳐 가버린다.

선거철이 되면 벽보가 등장하는데, 여야 대표 주자들뿐만 아니라 듣도 보도 못한 정당명과 얼굴들, 무소속까지 등장해 난장판을 만든다. 그 벽보의 경력들을 보면 참으로 가관이다. 한눈에 보아도 돈 주고 산 경력이 수두룩하다. 무슨 대학 이름을 단 학위도 없는 특수대학원 수료는 왜 그렇게 많은지, 모두가 정치와 경제 전문가 티를 내보려고 안간힘을 써댄 흔적이 역력하다.

파워풀 이재명

인물 됨됨이의 진위를 가리기는 그리 어렵지 않다. 그들이 낸 공약이 실천 가능한 것인지 아니면 풍선 띄우기인지, 그들의 경력이 진짜인지 강냉이 뻥튀기처럼 설탕 살짝 발라 불에 달구어 열 배로 부풀려 튀겨낸 것인지, 꼼꼼하게 따져보면 금세 드러난다. 풍선 공약은 선거가 끝나면 터지고 만다. 그리고 뻥튀기로 둔갑시킨 경력도 그들이 청문회나 국회 각종 위원회에서 질의하고 응답하는 생중계나 뉴스를 보면 그 안에 든 지식의 일천함이 만천하에 드러나기 십상이다.

이제 선거에서 국민의 소중한 한 표를 구걸하는 시대는 지났다. 국정 또는 도정이나 시정을 펼치는 데 있어서, 다음 선거 때의 지지표를 계산해 이득이 되는 사안은 밀고 그렇지 않은 사안은 은근슬쩍 눈감고 넘어가는 식의 구태가 더 이상 번복되어서는 안 된다. 정치인들은 자신의 가슴에 손을 얹고 반성하며 양심적으로 국민의 요구에 부응하는 정책을 펼쳐 나가야 한다. 설사 자신의 지지율이 떨어져 다음 선거의 득표 계산에 마이너스 요인으로 작용할 우려가 있다 하더라도, 좋은 정책이라고 판단되면 끝까지 관철해 국익에 도움이 되도록 하는 것이 양심적인 정치인이 취해야 할 바른 태도다.

이재명은 성남시장 시절 한 언론 매체와의 인터뷰에서 다음과 같이 말한 바 있다.

"저는 성남시의 머슴인 시장에 취임하면서부터 '시민이 주인인 성남'을 강조해 왔습니다. 이는 시민이 주인으로서 대접받아야 한다는 것보다 우선하여 주인으로서 책임과 역할을 다해야 한다는 것입니다. 주인이 주인 노릇을 제대로 해야 주인 대접을 받을 수 있습니다. 국민이 뽑은 심부름꾼인 대통령, 국회의원, 도지사, 시장, 시·도의원 등을 잘 감시해야 합니다. 주인이 주인 노릇을 못 하면 대한민국이 제대로 못 갑니다."

국민들은 소중한 한 표를 던져 어렵게 뽑아놓은 심부름꾼들이 일을 제대로 하지 못할 경우, 그들이 다음 재선에 도전할 때 가차 없는 채찍질로 준엄한 심판을 내려야 한다. 더 이상 그런 사이비 정치인들을 지지해선 안 된다.

이재명의 말처럼 재임 기간 중 국민들이 감시를 잘하지 못하면 정치의 발전은 생각할 수도 없고, 반성하지 않는 정치인들은 국민의 혈세를 낭비하는 구태의 행위를 반복할 뿐이다. 그런 정치인들은 자신의 인기 유지에 필요한 정책에만 관심을 갖기 때문에 전시행정으로 일관해 결국 국민의 혈세만 낭비하게 된다. 조금이라도 반대하는 의견이 많은 골치 아픈 일들은 차일피일 시행을 미루거나 아예 모른 척해버리는 경우가 많다.

경기도지사가 된 이재명은 해마다 여름철만 되면 집중호우로 피해를 입는 수도권 하천 범람을 막기 위해 2019년부터 '하천·계곡 정비사업'을 적극적으로 추진했다. 서울과 경기도 수도권의 서민들이 여름이면 가까운 하천과 계곡을 찾아 피서를 즐기는데, 평상이나 컨테이너 등 불법시설물을 설치해 놓고 장사를 하는 사람들이 자릿세를 받아 사적으로 이득을 취하곤 했다. 그리고 집중호우가 내리면 이런 시설물들이 물의 흐름을 방해하여 하천을 범람하게 만들고, 떠내려가고 나서도 교각에 걸려 인근 주택이며 농경지를 침수시키는 등 2차 피해까지 입히는 경우가 종종 발생했다.

지자체마다 오래전부터 하천과 계곡의 불법시설물을 정비하고 감독하는 체제를 갖추었지만, 그것은 요식행위일 뿐 문제를 완벽하게 해결하지 못했다. 다음 해에 또다시 불법시설물을 만들어 피서객들로부터 바가지요금을 받아 챙기는 상혼이 반복되곤 했던 것이다. 서울과 경기도의 서민들 50% 이상이 매년 여름 수도권의 계곡·하천으로 피서를 떠나는데, 그들의 한결같은 불만이 바가지요금, 음식점을 이용해야만 계곡에서 물놀이를 허용해주는 현지 장사꾼들의 텃세, 비싼 자릿세 등이었다. 또한 대부분 불법행위 업주들은 계곡과 하천을 낀 주민들인데, 그들은 마을에서 인적·물적으로 든든한 지지기반을 갖고 있어 엄격한 단속이 쉽지 않았던 것도 사실이다. 엄밀히 말하면 그들은 각기 마을에서의 영향력이 만만치 않아 과도한 행정조치를 취할 경우 지방자치단체장으로서는 함부로 대하기 껄끄러운 대상일 수 있었다. 다음 선거 때 그들의 입김이 그만큼 지지율에 영향을 미칠 수 있기 때문이었다.

이러한 상혼만 문제가 아니었다. 서울과 수도권 도심에서 몰려온 피서객들이 버리고 간 쓰레기도 처치 곤란이었다. 하천 바위틈이나 풀숲에 버리고 간 쓰레기들이 집중호우 때 그대로 쓸려 내려가 한강으로 흘러들어 수질오염의 원인이 되는 것이었다. 해마다 장마가 지나고 나면 상수원 보호구역인 한강 유역의 지자체와 K-water(한국수자원공사)는 쓰레기 제거 작업으로 골치를 앓게 마련이다. 그 비용만 따져도 어마어마한 국고가 낭비되고 있는 것이 현실이었다.

수도권의 계곡·하천 정비를 하면서 이재명은 많은 난관에 부딪칠 수밖에 없었다. 현지 주민들은 애써 돈을 들여 불법 시설물을 만들었으므로, 여름 한철 장사를 해서 이익금을 손에 쥐어야만 했다. 그런데 그 시설물들을 정비하고자 하니, 그들의 반발 또한 만만치 않았던 것이다. 무조건 정비를 하는 것보다는 주민들을 설득해 이해를 구하는 것이 먼저였다.

그래서 이재명은 먼저 경기도청에서 '맑은 하천 만들기' 민관 협력 공동선언식을 가졌다. 그리고 계곡과 하천 정비를 하는 것은 수도권에 대규모 용수 공급원이 없어 수질 관리의 어려움이 크기 때문임을 현지 주민들을 찾아다니며 설득하는 과정을 거쳤다. 대부분 계곡이나 하천에 불법 시설물을 만들어 외지에서 온 여름철 피서객들에게 자릿세를 받는 사람들이 그 마을 주민들이라 결코 설득하기가 쉽지 않았다. 그래도 좋은 정책을 끝까지 밀어붙여 성공적 결과가 되도록 해야 한다는 것이 행정의 원칙이었다.

그동안 매년 지자체에서 계곡·하천 내 불법시설물에 대한 관리 감독을 실시했지만 불법행위가 근절되지 않고 방치되어 온 것은 벌금을 내면 그뿐인 낮은 처벌 수위, 담당 공무원과 불법행위 업주의 유착 관계, 복잡한 행정처분 절차 등의 문제가 있었기 때문이었다. 이러한 고질적인 병폐를 근절하기 위해서는 보다 엄격한 행정조치와 그것을 완벽하게 수행해 낼 수 있는 강력한 리더십이 필요하다. 강력한 리더십은 정의로움과 떳떳함에서 나온다. 불법행위는 정의롭지 못한 것이고, 그것을 근절하는 것은 마땅히 해야 할 떳떳한 일이었다. 그런데도 과거에는 '눈 가리고 아웅' 하는 식으로 관리 감독을 소홀히 해왔으니, 근본적으로 정치행정의 리더십에 문제가 있었던 것이다.

이재명은 강력한 리더십을 가진 행정가이자 정치인이다. 설사 너무 강하여 손해를 보거나 구설수에 오르는 일이 있다 하더라도 정의를 위해서는 당당히 나서야 한다는 것이 그의 생각이다. 어떤 불법이나 불의를 대할 경우, 그가 가지고 있는 '정의'라는 무기는 곧바로 실행력으로 옮겨주는 '용기'로 변용된다.

민선 7기 경기도지사에 취임한 이재명은 다음 해인 2019년 본격적으로 도내의 계곡·하천 불법시설 정비에 박차를 가했다. 그해 6월부터 4개월 동안 도내 25개 시군의 106개 계곡 및 하천에 자리 잡은 726개소의 불법시설을 적발하여, 그중 233개 시설에 대한 철거 및 원상복구를 완료했다. 비고정시설인 평상과 방갈로 123개소, 고정시설인 계단과 교량 93개소를 철거하여 집중호우와 태풍으로 인한 하천 범람의 피해를 최소화시킨 것이었다. 특히 남양주·양주·용인·파주·평택·안산·오산·의왕·성남 등 9개 시군의 경우 단 한 곳도 남김없이 불법업소의 철거를 완료했다. 이에 따라 2020년 12월 말 기준 도내 계곡과 하천의 1,601개 업소의 불법 시설물 1만 1,727개를 적발, 1만 1,667개를 철거하는 성과를 거두었다.

이와 같은 성과는 그동안 경기도청의 관계 공무원들로 전담 TFT를 구성해 총 20여 차례에 걸쳐 현장점검을 하고, 10차례 가까운 단속공문을 발송하여 주민들을 계도한 결과라고 할 수 있었다. 이재명은 여기에 더하여 경기도 특별사법경찰단을 전방위적으로 운용하여 특별히 '지방하천단속'을 직무 범위에 포함시켜 현장 수사를 하도록 했으며, 그 결과 74건의 불법행위를 적발하여 법적 조치를 취했다.

이재명은 약 57만 명의 팔로워를 보유하고 있는 SNS를 통하여 '바가지 없는 안전하고 깨끗한 우리 계곡'이라는 제목의 글과 함께 불법시설 정비 이후의 사진을 공개했다. 포천의 백운계곡, 동두천의 탑동계곡, 양주의 장흥계곡 등 수도권 대표적인 계곡의 정비 이전과 정비 이후의 사진을 보여주면서 그는 다음과 같은 설명을 달았다.

"불법 평상과 천막을 걷어낸 우리 계곡의 모습입니다. 민낯이 훨씬 더 아름답지요? 이 계곡이 이제 도민 여러분의 것입니다."

이러한 전후 비교의 '비포 앤드 애프터' 사진은 이재명의 응원군이기도 한 팔로워인 '손가락 혁명군'들의 열광적인 지지를 얻어냈다. 그는 실제로 계곡과 하천 불법시설 정비 이후 여론조사기관인 (주)케이스탯리서치에 의뢰해 전화면접조사를 실시했다. 그 결과 93%가 '잘한 결정'이란 지지를 보냈으며, 불법 단속을 게을리 한 방치 공무원들에 대한 처벌도 강화하는 것이 마땅하다는 데 94% 찬성하는 반응을 보였다. 이는 불법 영업행위를 하는 사람들과 공무원들의 유착이 관행화되어 그동안 제대로 관리가 안 되었다는 것을 단적으로 보여주고 있는 것이다.

바람직한 정치란 구태적인 관행을 일시적으로 해결하는 것에 그

쳐서는 안 된다. 지속적으로 홍보와 계도를 하고 제도적 보완을 통하여 더 이상 재발하지 않도록 방비하는 것이 중요하다.

이러한 노력으로 2020년 장마철 누적 강수량과 비슷했던 2013년 장마철의 수해 정도를 국가재난관리시스템(NDMS)을 통해 분석해본 결과 피해 건수가 75%, 피해액은 무려 94%나 줄어든 것으로 분석되었다. 결과적으로 계곡과 하천 불법시설 정비는 국가와 국민의 재산보호 및 국민혈세의 절약이었다.

여기에서 그치지 않고 이재명은 2021년 5월부터 여름 성수기를 앞두고 지속 가능한 청정 계곡과 하천을 유지 관리하기 위하여 경기도청과 시군 합동으로 철저히 점검하는 시스템을 구축했다. 또한 그가 도정을 살피기 이전인 2018년까지 집중호우 등으로 자주 수해를 입었던 평택의 군계천, 하남의 초이천과 감이천, 양주의 공릉천, 파주의 금촌천, 포천의 금현천 등 하천들을 정비하는 데 박차를 가했다.

한편 이재명은 그동안 무단으로 계곡과 하천을 점용해 불법 영업을 한 주민들의 입장을 잘 알고 있다면서, 그들의 협조가 쉽지 않은 결정이었을 것이라고 술회하였다. 또한 어려운 결정을 해준 만큼 다시 과거와 같은 불법행위가 반복되지 않도록 하는 일 또한 중요하다고 생각했다. 그동안 형식적인 단속과 솜방망이 처벌이 재발의 원인이었음은 주지의 사실이었다.

경기도는 하천 불법행위 처벌 강화를 위해 '소하천정비법 개정안'을 마련했다. 기존 벌칙은 해당 행위의 경우 6개월 이하의 징역이나 500만 원 이하의 벌금형이었으나, 이를 두 배로 강화하여 1년 이하의 징역이나 1,000만 원 이하의 벌금형으로 입법 예고를 하기로 한 것이다.

가을철 낙엽이 질 때 마당을 빗자루로 쓸어내면 고운 흙이 결을 이룬 선명한 자국까지 보이며 매우 깨끗하고 청결한 느낌을 준다. 청소하는 사람은 자신이 쓸고 난 마당을 바라보며 기분이 좋아질 수밖에 없다. 경기도의 계곡과 하천 정비사업도 지방자치단체장 이재명이나 관련 공무원들, 그리고 마을 주민들과 여름철 피서객인 도시민들 모두에게 바로 그런 느낌을 주었을 것이다.

새삼스러운 일이지만, 이재명은 계곡과 하천 정비사업을 계기로 다시 한 번 "정치란 이런 것"이라는 깨달음을 확인했다. '한 사람이 쓸고 간 곳 열 사람이 웃고 온다'라는 청소 표어처럼, 그동안 잘 고쳐지지 않았던 고질적인 관행을 타파하고 나자 많은 사람들이 즐거워하고 흔쾌히 엄지손가락을 번쩍 들어 올리며 지지를 보내주었던 것이다.

이재명은 2017년 1월 민주당 대선 후보 경선에 나서면서 출마의 변에서 다음과 같이 말한 바 있다.

"작은 일을 잘하는 사람이 큰일도 잘합니다. 작은 일도 못 하는 사람에게 큰일을 맡기면 갑자기 잘할 수 없습니다. 작은 권력에 부패한 사람은 큰 권력에는 더 부패합니다. 기득권자이거나 기득권과 결탁한 자는 기득권과 싸우지 않고, 기득권자와 싸우지 않으면 적폐청산과 공정사회 건설은 불가능합니다."

경기도의 계곡과 하천 불법 시설물 정비사업은 일개 지자체의 작은 개혁에 불과하지만, 매우 상징성 있는 정치행정의 본보기가 되고 있다. 작은 일을 잘하는 사람이 큰일도 잘한다는 이재명의 말처럼, 모든 일이 그 규모만 다를 뿐 행정처리의 시스템과 수행 과정은 똑같기 때문에 그에게는 큰일도 잘할 수 있는 자신감이 생긴 셈이다.

사람의 마음을 움직이는 것은 확고한 믿음이다. 반드시 옳다고 생각하는 일이 있으면서도 실행하지 못하는 것은 자신감이 결여되어 있기 때문이며, 그런 사람들은 좀 손해를 보더라도 정의의 편에 서느냐 아니면 이기주의에 편승하느냐를 두고 마음속에서 저울질하기만 한다. 그러나 옳은 일이라 판단되면 즉각 행동으로 옮기는 사람은 스스로 하는 일에 확고한 믿음을 갖고 있는 신념의 소유자다. 실천력은 바로 확고한 믿음에서 나오는 리더십이다.

정치 활동에 있어서 정의는 국민의 정서에 바탕을 두고 있다. 그러므로 국민이 원하는 바람직한 정치인은 자신의 양심 밑바닥에 저울추를 드리우고 있으며, 그 추가 가리키는 방향으로 마음을 움직인다. 저울추의 화살표가 바로 국민의 정서이므로, 그는 확고한 믿음을 가지고 실천력을 발휘할 수 있는 것이다. 이재명은 바로 그런 정치인이다.

공약은 반드시 지켜야 할 국민과의 약속

말, 말, 말!

말이 풍년인 선거 때만 되면 후보자들은 마이크를 들고 유권자들을 찾아다니며 온갖 공약을 남발하면서, 당선되면 반드시 지킬 것을 국민들과 약속한다. 그러나 국민들 중 그들의 말에 속아 넘어갈 사람은 별로 없다. 한두 번 속는 것이 아니기 때문이다.

일단 당선되고 싶은 욕심만 앞선 후보자들은 실천도 하지 못할 과도한 공약을 내건다. 그러나 당선이 되고 나면 언제 그런 약속을 했느냐는 듯 '나 몰라라' 내팽개친 채 권력자 행세를 하기에 바쁜 의원들이나 지방자치단체장들을 자주 목격한다. 선거 유세 때 구십도 각도로 숙이던 허리가 어느 사이 뻣뻣하게 굳어 목에 깁스까지 하고 다니는 듯 온갖 거드름을 피운다. 그런 정치인들은 그들 스스로가 국민들

앞에 사이비임을 드러내는 것인데, 그들은 그런 자신의 흠결조차 모르고 마냥 으스대기에 바쁘다. 차기에는 그런 인물을 다시 뽑지 말아야 하는데, 후보자가 마땅치 않으면 유권자들은 할 수 없이 당을 보고 뽑는다는 이유로 그들로 하여금 재선에 성공하도록 만든다. 참으로 안타까운 현실이 아닐 수 없다.

이제부터라도 당선된 정치인들을 두 눈 똑바로 뜨고 눈여겨 봐두어야 한다. 과연 그들은 선거 유세 때 스스로 내건 공약을 제대로 실천하고 있는지 국민들은 감시자 역할을 제대로 할 의무가 있다. 그것이 민주주의를 발전시키는 강력한 힘이고, 보다 안전하고 평화로운 나라로 만드는 첩경이기 때문이다.

선거에 당선된 실권자들 중 개인적 욕망과 권력욕이 강한 인물들은 시야를 좁혀 자기 이익이 우선되는 일에만 집중한다. 설사 자신이 내세운 공약이라 하더라도 그를 위시한 이익집단에 손해가 되는 일이라면 많은 국민들이 바라는 공익사업까지 도외시하는 경향이 있다. 선거 유세 때 국민을 바라보던 시선이 당선되고 나면 자기 주변의 일부 기득권층에 국한되는 좁은 시야로 바뀌는 것이다. 화급을 다투어 화장실 갈 때와 일을 보고 나올 때 다른 것처럼, 그들은 국민에 대한 정서를 도외시한 채 제 마음대로 고무줄을 당겼다 놓듯 표변하는 정치행정으로 일관하게 된다.

자신과 그와 관련한 이익집단을 챙기려는 정치인들은 우물 안 개구리처럼 하늘이 그저 동전만 하다고 생각한다. 동그랗게 보이는 10%만이 그들에게는 국민이다. 동그라미 밖의 90%는 안중에 없다. 사이비 정치인들이 갖고 있는 공통된 정신 구조다. '하늘이 돈짝만 하다'는 말이 있는데, 그런 사이비들의 눈에 보이는 것은 바로 10%의 돈 냄새 나는 기득권층들인 것이다. 정말로 한심한 인간들이다.

그런데도 선거 때만 되면 그런 정치꾼들에게 표를 던진다. 모리배나 시정잡배처럼 제 이득밖에 챙길 줄 모르는 이익집단에게 '정치인'이라는 '인' 자가 들어가는 점잖은 지칭도 아깝다.

선거에서 당선된 의원이나 지방자치단체장들이 정작 지역사회를 위하여 무엇을 어떻게 하는지 살펴보면, 그런 '정치꾼'들은 차기에 노릴 자신에 대한 지지표에만 생각이 가 있어 컴퓨터 같은 머리로 매사 치밀하게 계산하기에 바쁘다. 만약 대의적으로 옳고 반드시 해야 할 일이라 하더라도, 그들의 잘 돌아가는 컴퓨터 머리는 자신에게 이득이 되지 않거나 차기 선거에 지지표를 얻기 어려운 사안일 경우 일단 발부터 빼고 본다. 설사 선거 유세 때 스스로 공약한 것이라 하더라도 어떤 이유를 대든 그 책임의 중심에서 벗어나려고 온갖 술수를 쓴다.

모름지기 참된 정치인은 자신이 공약한 것에 대해 책임질 줄 알아야 한다. 그런 국민과의 약속을 지키기 위해 과도하게 세운 공약을 실천하다가 실패한 정치인들도 있다. 표를 얻기 위해 공약으로 애드벌룬을 띄운 정치인들 중에서 그런 경우는 그래도 그 가상한 노력을 인정해 줄 수 있다. 그러나 선거 때 공약으로 애드벌룬만 띄우고 나서, 당선된 후 '나 몰라라' 하는 정치인들은 사기꾼이고 국민을 우롱한 정치모리배에 지나지 않는다.

우리는 지금까지 그런 정치인들을 너무나 많이 보아왔고, 그로 인하여 서민들은 엄청난 고난을 겪으며 본의 아니게 정신적·물질적 피해를 입었다. 이제는 그들의 전략에 속아 넘어가서는 안 된다. 21세기의 정보화시대에, 특히 'IT공화국'이라 부를 만큼 최첨단 정보시스템을 갖춘 한국에서 정치의 수준이 1970년대에 머물러 있다는 것은 수치다. 한국에서 무엇보다 시급한 것이 정치 개혁이고, 기득권층의 반성과 자기 혁신과 적극적인 사회 기여가 요구되는 것은 바로 그러한 이유 때문이다.

성남시장을 두 번 연임하면서 이재명은 그가 선거 때 공약한 사항을 무려 96% 지켰으며, 지방자치단체장 가운데 최고의 실적을 올렸다. 이처럼 100%에 가까운 공약 이행률을 기록할 수 있었던 것에 대해 그는 간단명료하게 답한다. 그는 어느 TV방송 프로그램에 출연해 그 이유를 다음과 같이 밝힌 바 있다.

"저는 말한 건 꼭 지키려고 해서 공약 이행률도 높게 나타난 것입니다. 따라서 공약 이행률이 높은 건 제가 특출해서 그런 건 아니고, 애초에 지킬 수 없는 약속을 안 한 겁니다. 지킬 수 있는 것만 하면 됩니다."

양심 있는 정치인에게 있어서 과도한 공약은 자칫 그가 걸어가는 정치행정의 노선에 큰 걸림돌이 될 수 있다. 공약을 실천하기 위해 무리수를 두다 보면 혈세를 낭비할 수도 있고, 결국 공약 실천에 실패하여 정치적 오점을 남길 가능성도 많기 때문이다.

이 세상 어떤 일이든 시작과 끝은 있으며, 큰일이든 작은 일이든 그 진행 과정에서 반드시 우여곡절을 겪게 되어 있다. 이재명에게 있어서 공약을 실천하기 위한 도정에 큰 걸림돌로 작용한 것은 법적 소송 문제였다.

돌출된 바위엔 파편이 튀는 법이었다. 공약 이행률 96%의 지방자치단체장인 이재명에게는 정치적으로 적대 세력이 많이 생겼다. 그가 점점 거물 정치인으로 크는 것에 대하여 시기하거나 겁을 먹은 세력들이 위험부담을 느끼기 시작한 것이었다.

이미 성남시장 시절부터 국정원에서 그의 셋째 형 이재선을 내세워 조종간 역할을 하면서 개인사 및 시정과 관련하여 시시때때로 음해공작을 하기 시작했다. 군부정권 시절에나 있던 비열하기 이를 데 없는 조작과 흠집 내기 음모가 그에게로 쏟아졌다.

그러나 이재명은 굴하지 않았다. 그는 떳떳했기 때문에 당당하게 맞설 수 있었다. 경기도지사에 당선되면서 적대 세력들은 그에 대한 음해공작과 공격의 화살을 더욱 거세게 퍼부었다. 그들의 법적 공세는 주도면밀하면서도 악질적이고 근착(根着)적인 고리로 연일 압박을 가해왔으므로, 그는 지방자치단체장으로서 도정을 살피면서 수시로 경찰 조사를 받고 검찰에 소환되었고 법정에 출두해야만 했다. 그는 인내심을 가지고 소신 있는 답변으로 음해공작들을 하나하나 정리해 나갔다. 마지막에 남은 것은 민선 7기 지방선거에서 경기도지사 후보자들과 TV토론을 벌이는 과정에서 상대 후보가 이재명에게 형을 강제 입원시키려고 한 게 아니냐고 묻자 그런 사실 없다는 답변을 한 것에 대한 법적공방 문제였다. 당시 상대 후보는 그것을 거짓말이라며 공직선거법상 허위사실 공표 혐의로 고소를 했던 것이다.

2018년 10월 경기도 성남시 분당경찰서 앞 포토라인에 섰을 때 이재명은 기자들에게 다음과 같이 말했다.

"경기도지사의 1시간은 1300만 경기도민의 시간만큼의 가치가 있습니다. 이 귀한 시간에 도청을 비우게 되어 죄송합니다. 인간사 새옹

지마라고 했습니다. 행정을 하면서 권한을 사적인 용도로 남용한 적이 없고, 법과 원칙에 어긋나는 행정을 한 적이 없습니다."

이처럼 이재명은 솔직한 자신의 심정을 밝혔다.

실제로 형을 정신병원에 입원시킨 것은 형수와 조카딸임을 이재명은 경찰 조사를 마친 후 기자들 앞에서 털어놓았다. 그러므로 성남시장 재직 당시 형을 강제로 입원시키려고 했다는 것은 적대 세력이 꾸며낸 모략이며, 오히려 그는 정신병원에 입원한 형이 도움을 요청해 구원투수처럼 달려간 적도 있었다. 그러나 정신병원 측에서는 형을 입원시킨 가족의 퇴원 수락이 떨어져야만 한다고 해서 헛걸음을 쳤던 것이다.

그런 저간 사정은 차치해 두고, 아무튼 이재명은 형 강제 입원 고소사건의 1심에서 무죄선고를 받았다. 그러나 2심인 항소심에서는 그에게 공직선거법 위반혐의로 300만 원 벌금형이 내려졌다. 300만 원 벌금형이면 도지사직도 잃게 되고, 그 이후 5년 동안 공직에 출마할 수 없게 되므로 정치인으로서의 생명이 거의 끊기게 되는 것이었다. 그는 즉각 대법원에 상고하였고, 2020년 7월 16일 무죄 취지 파기환송 결정을 받아 오랜 법정투쟁에서 최종적으로 승자가 되었다. 지난 10여 년간 친형의 강제입원을 놓고 이어진 기나긴 송사가 마무리되는 순간이었다.

경기도지사가 된 이후 이재명은 법정투쟁을 하면서도 도정에 깊이 몰두했다. 그에게는 두 가지 일 모두 중요하였다. 법정투쟁은 개인적인 사안이지만 그의 정치 인생이 걸려 있는 문제이고, 도정은 그가 공약한 일들을 반드시 실천하겠다는 도민과의 약속이었다. 그는 경기도의 일에 매사 확인과 점검을 게을리하지 않았다.

경기도지사가 된 직후 이재명이 가장 먼저 한 일은 그동안 진행되어온 경기도의 장기 미해결사업의 처리였다. 이들 사업은 오래전에 시작했으면서도 사업 주체와 주민들의 갈등, 사업 주체의 경영난, 예산과 기관 간의 협의 부족 등이 주요 원인으로 작용해 지지부진한 상태에 놓여 있어 지역경제 활성화에 큰 걸림돌이 되고 있었다.

이미 사업 자금이 투입된 상황에서 장기지연이 계속되면 당장 지역경제 활성화의 암초로 작용할 수밖에 없다. 사업이 완성되어야 자금 유통이 원활해져 지역경제가 활발하게 돌아갈 수 있기 때문이다. 경제의 핵심은 유통이다. 자금의 흐름이 원활해야 하는데, 어느 한 곳에 가서 묶여 있으면 사업자도 괴롭고 주민들 또한 그만큼 손해를 볼 수밖에 없다.

경기도지사에 취임한 후 이재명의 첫 행보는 안양 연현마을 공영개발사업 현장이었다. 아스콘 공장을 운영하는 제일산업개발(주) 인근에 아파트 입주가 시작된 2002년부터 사업주와 주민 간의 갈등이 시작되었는데, 오랜 시일이 흐르도록 미해결상태에 놓여 있었다. 아스콘 공장 주변의 악취 문제가 갈등의 원인이었다. 그는 경기도와 안양시, 주민, 관련 사업자 등 4자 협의체를 구성토록 했다. 그리고 이 협의체를 통해 사업자와 주민들의 중재자 역할을 함으로써 '민생현안 1호'로 주목받고 있는 안양 연현마을 공영개발사업 예정부지에 시민공원을 조성하기로 합의를 이끌어냈다. 이러한 소통과 대화를 통한 정치행정의 효과는 곧바로 소시민들의 숨통을 터주는 상징의 공간으로 거듭나게 되었다. 앞으로 약 4만m^2 규모의 시민공원이 조성되면, 인근 석수체육공원과 연계해 안양 시민의 쾌적한 여가 환경 조성과 편의 증진이 이루어질 수 있게 된 것이다.

화성국제테마파크는 경기도 화성시 남양읍 신외리 송산그린시티 내 동측 부지에 건설될 약 400만m^2 규모의 건설 사업이었다. 유니버설스튜디오와 같은 국제 수준의 테마파크를 조성하는 사업인데, 2007년부터 추진하기 시작했으나 자금난과 경제성 부족 등으로 두 번씩이나 진행을 하다 중단한 상태였다. 이재명은 2018년 8월 경기도와 화성시, 한국수자원공사와 함께 국제테마파크 정상화를 위한 업무협약을 맺어 사업을 재추진하도록 조처하였다. 그로부터 1년 만인 2019년 7월 한국수자원공사, (주)신세계프라퍼티, (주)신세계건설 등과 함께 '화성 복합테마파크 성공을 위한 양해각서(MOU)'를 체결하여 사업을 진척시켜 나갔다. 이러한 MOU는 당사자 간의 의견충돌을 방지하고 사전에 충분한 협상을 통해 의견을 조율하자는 뜻으로, 법적 효력은 없으나 신뢰라는 측면에서 사업 성공의 기대치를 그만큼 높일 수 있다. 이 사업이 본격화될 경우 약 1만 5,000명 규모의 신규 일자리를 창출할 수 있으며, 완공되면 연간 1,900만 명의 관광객을 유치할 수 있을 것으로 예상하고 있다.

경기도 평택시 현덕면의 232만m^2 규모로 추진 중인 현덕지구 개발사업은 이재명이 경기도 핵심 공약사항 중 하나인 '개발이익 도민 환원제'를 적용한 사업이다. 따라서 이 사업이 완료된 후 발생되는 개발이익 중 공공의 출자 지분 몫만큼 지역주민에게 환원하는 방식으로 추진될 예정이다. 이 사업은 2014년 사업시행자가 토지매수를 지연하는 등 수년간 지지부진한 답보 상태로 있었는데, 2018년 8월 개발사업시행자 지정을 취소하고 대구은행 컨소시엄을 우선협상대상자로 선정하여 사업 추진의 시동을 걸었다.

K-컬처밸리 조성사업은 경기도 고양시 일산동구 장항동 일원 한류월드에 축구장 46개 규모로 테마파크-아레나, 상업시설, 호텔 등을 건설하는 사업이다. 이 사업은 2016년 CJ E&M 컨소시엄과 기본협약을 체결한 뒤 K-팝의 급격한 성장과 함께 콘텐츠 산업의 트렌드

변화에 초점을 맞추기 위해 당초 사업계획을 변경하면서 이해 당사자 간의 의견조율이 원활하게 이루어지지 않아 장기간 답보상태에 놓여 있었다. 이재명은 2019년 4월부터 CJ와 사업 변경안을 놓고 다시 협의를 진행, 2020년 6월 최종적으로 타협안을 도출해냈다. 이로써 경기도는 K-컬처밸리 조성사업이 완공될 경우 연간 약 2,000만 명의 방문객을 창출하고, 앞으로 10년간 도내 17조 원 규모의 생산유발 효과와 24만 명의 취업이 보장될 수 있을 것으로 내다보고 있다.

경기도 포천시 '고모리에 디자인 클러스터 조성사업'은 섬유·가구산업에 디자인과 한류 문화를 접목한 융·복합 산업단지를 건설하는 사업이었다. 2019년 공영개발 방식과 민관합동개발 방식 모두를 놓고 고민해왔으나 두 가지 다 무산되면서 난관에 봉착해 있었다. 그러다가 경기도와 포천시는 TFT를 구성하여 새로운 사업자 발굴에 나서게 되었다. 이에 따라 2021년 1월 ㈜호반산업이 주관하는 기업 컨소시엄과 민관합동 사업을 추진하기 위한 사업협약을 맺었으며, 기존 계획을 변경하여 전자상거래와 식품 등 관련 산업의 발전을 고려한 복합 산업단지로 추진하게 되었다.

에코팜랜드는 경기도 화성시 마도면 화옹간척지 제4공사구역 119만m² 부지에 축산연구개발단지, 승용마단지, 반려동물단지 등을 조성하는 사업이다. 2008년부터 농가 소득원과 관광자원 발굴, 일자리 창출, 도시민의 쉼터 조성 등을 목표로 경기도와 화성시, 한국마사회, 수원화성오산축산협동조합, 경기남부수협, 농우바이오 등 6개 기관이 손을 잡고 사업을 추진하였다. 그러나 간척지 공사의 지연으로 난항을 겪어오다가 2019년 9월 사업계획을 최종 확정지었다. 2022년 3월 준공을 목표로 국비 28억 원, 도비 1,158억 원 등 총 1,186억 원의 사업비가 투입되는 공사다. 이 조성사업이 완료되면 2,360억 원 이상의 생산유발 효과, 1,000명의 고용유발 효과, 850억 원 이상의 부가가치유발 효과 등을 거둘 것으로 기대하고 있다.

이밖에도 이재명은 신분당선 광교·호매실 사업, 동두천 캠프모빌 관련 신천 수해 예방사업, 가평 조종중고교 방음벽 설치 사업, 그리고 청정계곡과 청정바다 복원사업 등을 도정에 적극 반영하여 공약 실천에 가속도를 붙이고 있다. 이러한 경기도 내의 사업들은 모두 그가 법정투쟁을 하면서 전격적으로 추진해온 일련의 정치행정 프로젝트라고 할 수 있었다. 그는 법적투쟁을 하면서 심리적으로나 시간적으로 쫓길 수밖에 없었지만, 지방자치단체장으로서 도정 역시 한시도 미룰 수 없는 사안임을 알고 불철주야로 두 가지 일을 동시 진행하지 않을 수 없었다. 이는 결단력과 실천력이 돋보이는 정치행정가의 참모습이라 할 수 있다.

이재명은 2019년 1월 16일 도지사 취임 200일을 맞아 '새로운 경기, 공정한 세상' 실현을 위한 365개 공약을 확정·발표했다. 5대 목표 16개 전략을 발표했는데, 경기도는 이 공약을 실천하는데 국비 52조 6,057억 원, 도비 4조 826억 원, 시·군비 4조 8,261억 원, 기타 21조 6,184억 원 등 총 83조 1,328억 원의 예산이 소요될 것으로 전망하고 있다.

공약의 5대 목표는 '도민이 주인인 더불어 경기도', '삶의 기본을 보장하는 복지 경기도', '혁신경제가 넘치는 공정한 경기도', '깨끗한 환경·편리한 교통·살고 싶은 경기도', '안전하고 즐거운 경기도'로 정해졌다. 그리고 그 아래 세부적으로 16대 전략을 세워 제7대 지자체 선거 때 내건 365개의 공약을 실천하겠다고 약속했다.

"공약은 도민과의 약속이고, 이를 이행하는 것은 공직자의 책임과 의무입니다. 민선 7기 공약사업이 새로운 경기도의 미래비전을 제시해, 대한민국의 표준이 될 수 있도록 차질 없이 공약을 추진해 나가겠습니다."

이재명은 이와 같은 약속을 지키기 위하여 경기도 홈페이지에 공약사업의 추진현황, 공약 이행 평가결과 등을 도민들에게 알려 공약의 투명성과 신뢰도를 높여나가겠다고 말했다.

지방자치제를 '풀뿌리 민주주의'라고 한 것처럼, 이재명은 시장과 도지사를 거치면서 실질적인 행정 체험을 통해 정치행정의 질적 수준을 높여나가고 그 영역 또한 다양한 분야로 확장·발전시켜 나가고 있다. 이들 지자체 행정의 경험이 대한민국의 표준이 되도록 하겠다는 그의 말은, 바로 지방자치제의 풀뿌리 민주주의를 거쳐 대한민국의 정치를 바로잡는 대통령이 되겠다는 그의 소망과 의지를 대변해 주고 있는 것이다. 그가 체득한 풀뿌리 민주주의를 통한 시정과 도정의 정치행정은, 강력한 추진력을 통해 불가능할 것이라 여겨졌던 사업들을 실천 가능한 것으로 바꾸는 성공적인 결과를 가져왔다. 이는 앞으로 한국의 미래를 건설하는 대통령으로 가는 준비 단계라고 할 수 있다. 국민들은 미래의 한국 대통령으로 강력한 실천력을 구비한 리더를 원하고 있다.

제4장

성취력

피 같은 국민 세금 최대한 아껴 써라

정치를 잘하는 것은 국민 세금을 얼마나 적재적소에 배분하여 잘 쓰는가에 있다. 선거로 뽑는 대통령이나 지방자치단체장, 국회의원이나 시도의원 등은 국민을 대신해 혈세를 집행하고 감시하는 역할을 하는 임기제 공무원에 지나지 않는다. 그들은 또 시험으로 뽑은 정년제 공무원들을 세금이 국민들에게 골고루 돌아가도록 지시 · 감독하는 막중한 책임을 맡고 있다.

오래된 상수도관은 누수가 심하여 일반 소비자들에게까지 수돗물이 제대로 전달되지 않아 막심한 손해를 발생시킨다. 수도관이 땅속에 묻혀 있어서 대체 어디서 물이 새는지 확인하기도 쉽지 않아 누수를 방지하는 데 많은 어려움을 겪는다. 국민 세금도 수돗물의 누수 현상처럼 중간에 새는 곳이 많지만, 대체 어디서 어떻게 새는지 파악하기 어려워 혈세의 낭비를 막는데 어려움이 뒤따른다. 이는 대다수의 정치인들이 국민 머슴 노릇을 제대로 하지 않고 편리한 행정만 일삼아왔기 때문이다.

대한민국 정부 수립 70여 년이 넘는 기간 동안 국민 혈세의 낭비는 도가 지나칠 정도로 심했다. 그동안 공무원들은 관행이라는 명목으로 국민의 세금을 낭비했다. 당사자들은 그것이 낭비인 줄로 모르고, 전부터 늘 그래왔던 관행이므로 집행해왔다고 말한다. 그러나 그것은 변명에 불과하다. 조금만 더 깊이 있게 생각하고 따져보면, 그 관행이라는 명목으로 빠져나가는 세금의 누수 현상이 언제 어느 때 생기는지 발견할 수 있기 때문이다. 다만 그것을 간과하고 넘어가는 것은 지역 이기주의와 편의주의, 담당 공무원과 국가 기관을 상대로 하는 사업자 사이의 은밀한 묵계가 여러 가닥으로 복잡하게 얽혀 있기 때문이다. 땅속에 묻은 상수도관이 녹슬어 누수 현상이 생기듯, 정치 행정의 '관행'이라는 썩은 비리와 협잡과 부당이득의 갈취가 혈세의 낭비로 이어지고 있는 것이다. 녹슨 상수도관을 바꿔야 누수 현상을 방지할 수 있듯이, 과감하게 썩은 정치와 관행의 암 덩어리를 제거하는 수술을 단행하지 않으면 대한민국의 미래는 불투명 · 불공정 · 불합리의 아니 '불(不)' 자를 떼어내기 어렵다. 그런 '불' 자를 머리에 이고 있는 현실정치는 대한민국을 암담하게 만들뿐이다. 따라서 '불' 자를 과감하게 떼어내는 대수술을 해야 하는데, 그것이 '민주주의'라는 종합병원에서는 바로 '선거'인 것이다. 그 '선거'라는 수술실에서 '국민'은 집도의가 되어 '소중한 한 표'의 메스로 암 덩어리를 제거해야만 한다.

정치인들의 '관행'이란 낡은 제도의 '관(管)'을 찾아내는 것이 혈세의 낭비를 막는 관건이다. 늘 해오던 것을 '관행'이라고 하는데, 그래서 깊이 생각하지 않고 그러려니 지나치는 '무관심' 속에 국민의 혈세는 알게 모르게 낭비되고 있는 것이 현실이다. 흔하고 쉬운 예로 지역마다 연말이 되면 멀쩡한 보도블록을 새로 까는 공사를 하는데, 이는 지자체들이 당해 연도에 써야 할 예산이 남아 다 소비해야만 다음 해에 청구할 때 깎이지 않고 조금이라도 더 청구할 수 있기 때문이다. 비단 건설 분야만이 아니라, 문화예술 분야의 경우도 예산이 남을 경우 연말이 가까워지면 직원들 해외 연수 명목으로 남는 예산을 모두 소비해버린다. 그러나 실상은 해외 연수라는 것은 명목일 뿐이고, 일정 중 많은 부분은 공무원 개인의 여행에 맞춰져 있는 경우가 많다. 크게 해외 연수를 갈 목적도 분명치 않은데, 예산을 다 못 썼기 때문에 다음 해에 더 많은 예산을 타내기 위해 관행이란 명목으로 국민의 혈세를 낭비하고 있는 것이다. 그것은 엄밀한 의미에서 세금 도둑질이다. 무슨 임기직 단체장이나 국회의원과 시의원들이 연말이 되면

　　　　　　　　　　　　　　　　　　　　파워풀 이재명

해외로 떠나는 것은 대부분 그런 예산을 쓰기 위한, 이른바 연구 등 '공익'을 얼굴 표면에 둘러쓴 '사익'의 세금 도둑임을 알아야 한다. 간혹 공익을 내세운 해외연수인데도 낯가죽 두껍게 가족들까지 동반하고 여행을 떠나는 정치인들도 있다.

이처럼 소중한 한 표를 행사하여 뽑은 임기제 공무원들은 국민의 혈세를 집행하는 공무원들에 대하여 감시자 역할을 해야 하는데, 그들 또한 관행에 물들어 눈을 감아주거나 동조자로 변하고 마는 것이다. 국민 혈세의 도둑질에 협력하여, 그 이득을 나눠 갖는 한심스러운 작태다.

함부로 먼저 말하기 어려워서 그렇지, 이러한 국민 혈세의 낭비는 국민 모두가 다 알고 있다. '서울은 눈뜨고 도둑맞는 곳'이란 소릴 듣는 것처럼, 국민들도 그런 뻔할 뻔자의 도둑을 방지할 슬기로운 방도가 없기 때문에 가슴앓이만 하고 있는 것이다. 국민들은 선거 때마다 믿을 수 있는 후보를 찍는다고 하지만, 당선되고 나면 얼굴이 달라지는 정치인들을 보고 실망하는 경우가 허다하다. 다음 선거 때는 아예 국민의 소중한 한 표마저 행사를 포기하겠다는 사람들까지 생겨나는 형국이다.

그러나 서민 출신의 정치인 이재명은 다르다. 그는 성남시장이 되고 나서 철저하게 국민 혈세를 막기 위해 안간힘을 썼다. 기득권 세력들로 단단하게 굳어져 있는 사회 현상을 뒤집기란 쉬운 일이 아니었다. 망치로 때려도 쉽게 부서지지 않을 정도로 단단하게 굳어 있는 시멘트 블록 같은 것이 바로 그들의 협잡 네트워크다.

2010년에 이재명은 초선으로 성남시장에 취임하면서 '기본과 원칙을 지키는 공정한 시정'을 철저하게 수행하겠다고 결심했다. 기본과 원칙을 지키지 않기 때문에 관행이란 구태적인 악습으로 국민 혈세가 낭비되고 있음을 잘 알고 있었기 때문이다.

사실상 이재명이 취임했을 당시 성남시의 재정 사정은 전임자의 전시행정 병폐로 인하여 날이 갈수록 빚이 눈덩이처럼 불어나는 형편이었다. 특히 선거를 앞두고 유권자들에게 보여주기 위한 선심 행정으로 토목·건축 등의 공사에 지나친 예산을 쏟아 부은 것이 주원인이었다. 당시 언론에서도 대서특필된 바 있지만 성남시청의 신청사 건설은 혈세를 독식하는, 아무리 먹어도 배가 고픈 공룡의 몸통 같은 전시행정의 대표적인 사례로 지적되기도 했다.

이러한 방만한 시정 운영으로 재정이 부족했지만, 당시 판교신도시 개발을 위해 편성된 자금까지 가져다 관련도 없는 다른 급한 사업에 투자했던 것이다. 결국 판교구청사 부지 잔금까지 합쳐 6,000여억 원의 부채가 남게 되었다. 이것은 성남시의 공식적인 부채가 아니라 비공식적인 부채여서, 결국 그것이 앞으로 펼쳐 나갈 시정에 필요한 재정까지 갉아먹을 위기에 처해 있었다. 빚 때문에 새롭게 배정된 시정 예산을 집행하지 못하게 될까 싶어 겁이 날 정도였다.

고심하던 끝에 이재명이 내놓은 것은 '모라토리엄 선언'이었다. 일단 눈앞의 불은 끄고 봐야 한다는 생각에 당장 갚아야 할 빚은 어느 기간만큼 유예한 후, 긴축재정으로 최대한 예산을 아껴 축적해둘 필요가 있었다. 그래야만 연차적으로 빚을 탕감해나갈 수 있을 것으로 판단되었던 것이다. 따라서 성남시에 편성된 예산 중 큰 사업을 중심으로 하여 과감하게 중단하는 조치를 단행하였다. 그중 비중이 큰 도로와 하수도 등 토목사업의 경우 당장 시민들이 불편을 겪게 되어 큰 불만이 터져 나왔다. 그냥 천천히 조금씩 빚을 갚아나가도 될 것을 언론에까지 다 알려져 전국적으로 성남시가 가난한 도시로 소문나게 되었다는 소리도 들려왔다. 민선 5기 선거에서 패배한 전임 시장은 새누리당(국민의힘의 전신) 소속의 이대엽이었는데, 그와 관련된 세력들의 정치공세도 만만치 않았다. 그러나 그들의 입장에서 보면 공세를 할수록 수세에 몰리는 꼴이 될 수밖에 없었다. 빚을 진 원흉이 바로 그들이었기 때문이다.

취임 초기인 어느 날 시장인 이재명에게 결재 건이 올라왔는데, 살펴보니 성남 시내의 가로등을 교체한다는 내용이었다. 왜 갑자기 멀쩡한 가로등을 교체하느냐고 묻자 담당 공무원은 해마다 관례대로 시행해오던 일이라고 했다. 전등이 망가져 불이 나간 가로등만이 아니라 멀쩡한 전등까지 한꺼번에 다 교체한다는 것이었다.

이재명은 일단 결재를 보류하고 성남 시내의 가로등 중에서 불이 들어오지 않거나 이상이 있는 전등부터 조사하라고 지시했다. 그동안 관례를 핑계로 계속 전년도처럼 사업을 시행하면 전등을 만들어 파는 회사와 교체작업을 하는 시행사에게는 득이 될지 모르지만, 국민 혈세가 그만큼 낭비되는 결과를 낳는 것이었다. 시정을 운영하는 연간 전체 지출액에서 불과 얼마 안 되는 액수지만, 이와 비슷한 관례로 낭비되는 국민 혈세를 모으면 대단히 큰 액수가 될 수 있었다.

물건의 작은 것과 큰 것을 구분하는 데 있어 숫자나 크기로 잴 수 있는 것도 있지만, 사람이 하는 일은 조금 다른 면이 있다. 시정을 제대로 시행하는 데 있어 어느 것은 작은 일이고 어느 것은 큰일이라고 하기 곤란한 점이 많다. 그 행정적인 규모와 액수를 따지기 전에, 그것이 과연 국민의 혈세를 제대로 적재적소에 집행하고 있는 것인지, 그렇지 않은 것인지를 따져볼 필요가 있다. 그래서 설사 작은 일이라도 국민 혈세를 낭비하고 있다면, 그것은 제대로 집행하는 규모가 큰일보다 시정에 있어서 더 중요한 일이 될 수도 있는 것이다.

성남시장으로서 이재명은 시정을 운영하면서 반드시 잘못된 관행만은 고쳐야 하겠다는 다짐했다. 그런 관행 중에서 규모는 작은 일이지만 확실하게 눈에 드러나는 국민 혈세의 누수 현상을 가로등 교체 행정에서 발견할 수 있었던 것이다. 이처럼 규모가 작은 일에서도 관행이란 명목으로 혈세가 낭비되고 있다면, 규모가 큰 사업일 경우 누수 현상은 더욱 심할 것임은 불을 보듯 뻔한 노릇이었다.

이재명이 출간한 저서 중에 『오직 민주주의, 꼬리를 잡아 몸통을 흔든다』라는 제목의 책이 있다. 이 말은 그가 정치인으로 나선 이후 가장 즐겨 쓰는 금언 중 하나였다. 눈에 잘 띄는 작은 일의 흠을 찾아내 고치면, 그다음에 큰일 뒤에 숨어 있는 흠도 발견해 관행을 바람직한 방향으로 바꾸기 쉬워진다. 작은 일의 관행을 철저하게 따져 고치는 행정력을 보고 큰일에 관여하는 사람들이 스스로 알아서 비정상의 관행을 정상적으로 고쳐나가도록 하자는 것이었다.

연례행사였던 가로등 교체 사업을 개혁한 것은 하나의 작은 예일 뿐, 이재명이 성남시장을 하면서 혈세 낭비 요소를 줄인 것은 각 부처의 요소요소에 많이 있다. 가로등처럼 매년 교체하던 보도블록도 멀쩡한 것은 재사용하도록 했으며, 도로 포장공사도 반드시 필요한 곳만 선정해서 실시했다. 민간 사업자에게 위탁했던 노인 독감 예방접종사업, 호스피스사업, 지하차도관리사업 등 각종 자잘한 사업들도 될 수 있으면 시에서 직영하여 예산을 대폭 줄였다. 그동안 시청에서 주는 이러한 사업을 관리하던 업체들은 당장 일거리가 떨어져 불만이 많았지만, 시에서 직영하게 되자 그들 사업 시행업체가 챙기던 이득이 그대로 남아 다른 시정에 보탤 수 있게 되었다. 이재명은 시정의 각 분야에 걸쳐 다양한 방법으로 이런 알뜰한 살림을 꾸려나갔다. 이른바 '꼬리를 잡아 몸통을 흔드는' 그의 행정 능력이 눈부시게 발휘된 결과였다.

이렇게 하여 이재명은 초선으로 성남시장 행정을 맡은 이후 불과 3년 6개월 만에 재정 건전성을 회복할 수 있게 되었다. 판교신도시 개발자금의 부채도 모두 갚았다. 그렇게 예산을 아껴 축적된 비용으로 사회복지, 교육, 문화예술 분야의 지원도 대폭적으로 강화할 수 있었다. 최대한 혈세의 낭비를 줄이자, 이처럼 놀라운 효과를 얻을 수 있었던 것이다.

이재명의 강력한 성취력이 얻어낸 결과였다. 그는 일단 한 번 일을 시작하면 반드시 이루어내고야 만다는 정신으로 정치행정에 일관해 왔다. 성남시는 2013년 이후 3년 연속 행정자치부에서 주관하는 '지방자치단체 재정분석 종합평가 우수기관'으로 선정되었다. 놀라운 성취가 아닐 수 없었다. 이렇게 되자 모라토리엄 선언 3년 만에 부채를 다 갚고 각종 복지제도까지 활성화했다는 소식을 접한 전국 지자체들은 성남시를 '벤치마킹'하기 시작했다.

세금은 국민의 피와 땀이 얼룩진 소중한 국가재산이다. 그것을 집행하는 사람들이 자신의 피처럼 생각하지 않고 함부로 쓴다면, 국민의 심부름꾼으로서 머슴 노릇을 제대로 하지 못하는 결과를 낳는다. 국민으로부터 거두어들인 세금은 국가 행정에 골고루 쓰여 많은 사람들에게 그 혜택이 돌아가게 해야 하며, 그럼으로써 국민에게 되돌려 주는 것이 민주복지국가로 가는 바람직한 길이라고 할 수 있다.

'정의'는 강한 사람을 더욱 강하게 만든다

의회민주주의는 다수결의 원칙을 존중한다. 그러나 다수결이 궁극적으로 볼 때 전적으로 옳고 정의로우며 좋은 것만은 아니다. 오히려 정치 현장에서는 다수결이 국민 전체의 입장보다는 이익집단의 기득권을 옹호하기 위한 무기로 악용되는 경우도 있기 때문이다.

미성숙한 민주주의 국가일수록 다수결의 원칙을 악용하는 행태는 더욱 심해서 국회가 시정잡배들의 난장판처럼 변할 때가 많다. 민생법안은 서랍 속에 처넣어둔 채 여야가 힘겨루기 경쟁을 일삼아 누가 더 많은 기득권을 가져가느냐의 싸움으로 일관하기 때문에, 그들에게 국민은 안중에도 없다. 소통이 부재하므로 협상이 이루어지지 않고, 여야는 누가 더 많은 이득을 가지고 가는가 하는 데만 집착해 서로 저울질하다 결국 타협하게 된다. 이때의 타협은 대다수의 국민을 위한 것보다는 여야가 실리적인 입장에만 골몰해 이해타산을 맞추는 수준으로 그치고 만다. 그러는 사이 이미 정기국회의 회기가 끝나버리는 바람에 민생 법안은 여전히 서랍 속에서 묵은 서류뭉치로 남게 된다. 여야 타협이 되면 임시국회가 열려 묵혀두었던 민생 법안 타결에 나서는데, 이때는 시간이 없다는 이유로 깊이 고민하고 세세하게 따지고 할 겨를도 없이 통과시켜버린다.

이러한 정치인들에게는 선거철에만 국민이 보이고 일단 권력이 주어지면 민생을 팽개쳐두고 '그들만의 잔치'로 아까운 시간을 허비하기에 바쁘다. 이는 해방 이후 지금까지 대한민국 정치인들이 보여준 적나라한 군상들의 실체다. 정당이 여에서 야로 바뀌든 야에서 여로 바뀌든, 여야를 불문하고 정치인들은 자기 밥그릇 챙기기 싸움에만 혈안이 되어 있다.

왜 대한민국의 정치가 이런 사태까지 오게 된 것일까, 참으로 한탄스러운 일이 아닐 수 없다. 그런데 그 원인은 간단하다. 정치에서 정의(正義)는 뒷전으로 사라지고 기득권 세력끼리 눈앞의 이득 취하기에만 혈안이 되어 있기 때문이다. 여야를 불문하고 국민의 지지를 얻어 정권을 잡으면 모두 기득권 세력으로 변한다. 여당이 되자마자 야당 시절의 설움을 곧바로 망각해버리는 것이다. 선거철에만 그들은 국민의 대변자이고, 자칭 심부름꾼이라 칭할 뿐이다. 막상 권력을 잡고 나면 주객이 전도되어 그들이 주인으로 행세한다.

정의로운 사람은 목소리를 크게 높이지 않아도 국민들이 다 알아준다. 국회에서 목소리를 높이는 정치인일수록 사이비가 많다. 특히 텔레비전 생중계 카메라가 지신을 비출 때 더욱 목소리를 높이고 눈썹을 세워 호령하는데, 이는 지역구의 지지표를 얻기 위한 수작에 불과할 뿐이다. 겉으로는 정의를 내세우는 듯 그럴듯한 화술로 포장하고 있지만, 그 내면에서는 가장 저열한 방법으로 표를 구걸하는 심리가 작용하고 있는 것이다. 잘 차려놓은 밥상에 숟가락 하나 더 얹어 공짜로 허기를 메우겠다는 거지 근성이 자신도 모르는 사이에 나왔다고 볼 수 있다.

목소리 큰 사람이 이긴다는 것은 시정잡배들의 논리다. 국회에서 목소리를 높이고 고개를 살모사처럼 뻣뻣하게 세우는 정치인들은 정의롭지 않은 사람들이 대부분이다. 정의로 승부하려고 든다면 목소리를 높일 필요도 없고 권위를 내세우지 않아도 된다. 조용조용 말을 해도 정의로운 사람의 주장은 강한 파워를 가지기 마련이다.

정의야말로 바로 강한 사람이 가진 든든한 무기다. 정의는 한마디로 당당함으로 무장된 마음가짐이다. 그래서 누구 앞에 서더라도 꿀릴 것이 없다. 어떤 권력 앞에서도 당당할 수 있는 것이 정의로운 사람의 기질이다.

이재명이 초선 성남시장에 당선된 2010년에 하버드대학 교수 마이클 샌델의 『정의란 무엇인가』라는 책이 국내에서 베스트셀러로 독자들을 사로잡은 적이 있었다. 왜 갑자기 한국 독자들이 '정의'에 목말라 하고, 그 진의를 찾고자 했던 것인지, 불가사의한 일이었다. 베스트셀러가 된 책이지만 의외로 읽는 데 부담이 될 정도로 일반 독자들이 읽기에는 어려운 내용이 많다. 역사의 위대한 사상가들이 어떤 시대정신 속에서 정의관을 피력했는지, 그리고 그들 자신은 정의를 어떻게 규정했는지 비교하면서 독자들로 하여금 나름의 개인적 결론을 이끌어내도록 유도하고 있기 때문이다. 저자가 직접 하버드대학에서 강의한 내용을 바탕으로 재정리한 것을 토대로, 읽는 이들 스스로 정의에 대한 판단을 내리도록 하는 전략적인 교육 지침서라고 할 수 있다.

　그런데도 한국 독자들은 '정의'를 알기 위해 마이클 샌델의 책을 구입해 열정적으로 읽었다. 그 책을 읽고 한국 독자들도 하버드대학의 수강생들처럼 '정의'에 대해 스스로 판단하는 기회를 가질 수는 있었지만, 아마도 명확한 해석을 내리는 데까지 가기는 어려웠을 것이다. 더구나 그 책을 한국의 정치 현실에 투사해보고 싶었을지라도 애초 바라던 만큼의 소득을 얻기는 쉽지 않았을 것으로 보인다.

　그런데도 '정의'에 목마른 한국 독자들은 마이클 샌델의 책에 몰입했다. 이러한 독서인구의 쏠림 현상은 한국 정치의 현주소를 대변해

주는 매우 부끄러운 사건 중 하나라고 할 수 있다. 자연스럽게 '정의' 보다는 그 반대되는 개념인 '불의(不義)' 또는 '부정(不正)' 같은 언어로 도색된 한국 정치사의 그늘이 떠오르기 때문이다.

2014년 민선 제6기 선거에서 성남시장에 재선되었을 때, 이재명은 '성남시 3대 무상복지 정책'을 발표했다. 그는 자신감이 있었다. 초선 성남시장 4년 동안의 경험으로 지자체의 모든 행정에서 국민 혈세를 낭비하는 요소를 최대한 제거하면 충분히 시민들의 복지정책을 확대해 나갈 수 있다는 것을 실증적으로 보여주었기 때문이다.

그러나 2015년 중앙정부는 지방재정제도 개편안을 만들었는데, 그 주요 내용은 지자체의 지방세 재정수입이 재정수요보다 많을 경우 조정교부금을 우선 배정해 온 특례를 없애고 법인 지방소득세의 50%를 공동세로 전환한다는 것이었다. 이 제도는 경기도의 성남시를 비롯한 수원시 · 고양시 · 용인시 · 화성시 · 과천시 등 6개 지자체가 주요 대상이 되었다. 개편안대로 한다면 당시 대상이 된 시의 경우 최대 2,700억 원의 재정수요가 감소하는 결과를 낳을 수밖에 없었다.

전국 226개 지자체 중에서 자체적으로 걷는 지방세만으로 운영이 가능한 지자체는 그리 많지 않다. 나머지 지방세만으로 적자 운영이 예상되는 지자체들은 중앙정부에서 모자라는 적정 교부금을 지원해주고 있다. 그러나 경기도의 대표적인 지자체 6개 도시의 경우 행정 예산을 최대한 아껴 씀으로써 국민의 혈세를 줄여 절약한 돈으로 시민들의 복지정책을 활성화하고 있었던 것이다.

당시 박근혜 정부는 '유사중복사업 정비'란 명목으로 지역적 차이를 무시한 복지사업 폐지, 지방세무조사권 박탈, 신규 복지사업 저지 등으로 이재명이 제시한 성남시의 '3대 무상복지 정책'에 제동을 걸어왔다. 이는 2017년부터 일반회계 예산의 10%에 해당하는 예산을 중앙정부가 빼앗아가겠다는 조치로, 성남시로서는 그동안 행정 예산을 아껴가면서 절약해 복지정책을 추진하고자 한 계획이 무산될 위기에 처하게 된 것이었다.

이때 이재명은 지방재정제도 개편안을 정의와 공정에 대한 박근혜 정부의 압박으로 받아들였다. 정치 현안을 놓고 볼 때 '정의'는 큰 그릇이었고, '공정'은 그 그릇에 담긴 음식을 국민 모두에게 골고루 나누어주는 것에 다름 아니었다. 그런데 중앙정부는 그릇을 깨뜨려 음식조차 나눌 수 없게 만들자는, 풀뿌리 민주주의에 역행하는 제도를 시행하려고 했다.

지방자치제도를 '풀뿌리 민주주의'라고 하는 것은 민주주의의 가장 기본이 되는 자치제도이기 때문이다. 한국의 경우 정부 수립과 함께 지방자치제도에 관한 법률을 제정하는 등 민주주의의 시동을 걸었으나, 독재와 군사 쿠데타 등 격동기를 거치면서 법안만 조금씩 뜯어 고치는데 그쳤을 뿐 정작 시행은 되지 않았다. 그러다가 지방자치제도가 실시된 것은 군부독재가 종식된 이후 김대중 정부 때였으며, 본격화된 것은 노무현 정부 때부터였다고 할 수 있다.

박근혜 정부가 내놓은 지방재정 제도의 개편안은 풀뿌리 민주주의를 부정하고 지방자치제도 이전으로 역행하자는 것이나 마찬가지였다. 중앙정부는 지방재정이 넉넉한 지자체의 자금을 일부 회수하여 열악한 지자체에 교부해주겠다는 것인데, 경기도 6개 도시에서 1년에 회수할 수 있는 금액은 불과 5,000억 원 정도밖에 안 된다. 이는 지자체 1년 예산 386조 원의 1,000분의 1 수준으로, 그것을 가지고 가시화된 효과를 거두기는 매우 어렵다고 볼 수밖에 없었다.

지방재정 제도개편안의 겉모습은 열악한 지자체를 돕자는 의도 같으나, 그 속 모습을 들여다보면 그동안 실험적인 정책들을 추진해 지방재정의 적자를 흑자로 전환한 일부 지자체에 대한 보복성 정책과 다름없었다. 이들 지자체들로부터 1년 예산의 1,000의 1에 해당하는 자금을 회수하여 '지자체 간의 형평성 강화'에 목적을 두고 열악한 지자체를 돕는다고 하나, 그것은 결국 중앙정부에 더욱 의존하는 결과만 낳을 뿐이었다. 애써 긴축재정으로 중앙정부의 지방교부금을 받지 않게 된 지자체들까지도 과거로 회귀해, 지자체 자율보다는 행정자치부가 시키는 대로 하는 수구적 태도로 변할 가능성이 많았다. 다시 말하면 중앙정부의 교부금을 더욱 많이 받아내기 위해 지자체들마다 국민 혈세를 낭비하는 풍조를 낳게 될 우려가 있는 것이다. 이는 전면적으로 풀뿌리 민주주의의 근간을 흔드는 정책이라고 할 수 있었다.

이재명은 '정의'의 힘을 믿었다. 그는 정의에 맞서 불의와 싸우기로 결심했다. 그는 2016년 6월 4일 광화문 정부종합청사 앞에서 정부의 지방재정개편 반대 1인 시위를 벌였다. 그리고 6월 7일부터 광화문 광장에서 무기한 단식투쟁에 돌입하기에 앞서 CBS라디오 '김현정의 뉴스쇼' 인터뷰에서 그는 다음과 같이 말했다.

"이 정부는 단순한 정책의 문제가 아니라 지방자치라고 하는 민주주의의 토대, 시스템을 통째로 망가뜨리기로 한 것 같습니다. 전국 지방자치단체들 돈을 빼앗아 이미 거의 다 죽여 놨는데, 마지막 남아 있는 경기도 대도시까지 확인 사살해 죽이려고 하는 것 같습니다."

이재명이 무기한 단식투쟁에 돌입할 때 수원시 · 화성시 · 용인시 · 고양시 · 과천시 지자체장들도 광화문 광장에 나와 그와 함께 공동기자회견을 가졌다.

'김대중 대통령이 살리고, 노무현 대통령이 키우고, 박근혜 대통령이

죽이는, 지방자치를 지키겠습니다.'

이러한 구호를 배경으로 한 천막 아래서 이재명은 11일 동안 33 끼 단식을 하며 지방자치를 지키기 위해 투쟁했다. 많은 성남시민과 그를 지지하는 국민들이 광화문 농성장을 찾아와서 위로하고 같이 붙잡고 울기도 하며 격려의 말을 아끼지 않았다.

단식투쟁을 끝낸 후 이재명은 2016년부터 자신이 선언한 3대 무상복지 정책을 전면적으로 시행하겠다고 밝혔다. 구체적으로 청년 배당 113억 원, 무상 산후조리 지원 56억 원, 무상 교복 지원 25억 원 등 총 194억 원을 우선적으로 확보해 선거 때 공약한 대로 복지사업을 활성화해 나가기로 한 것이다.

강철은 대장간의 담금질에서 비롯된다. 백제 시대 때 왜국에 보낸 칠지도는 백련철로 만들었다고 전해지고 있다. 백번 담금질을 해 만든 강한 쇠가 백련철이다.

사람도 단련이 될수록 강해진다. 비정상의 공격 화살에 대해서 당당하게 맞설 수 있는 것은 '정의'라는 방패다. 이재명이 어떤 공격적인 정치 공략 앞에서도 강할 수 있는 것은 당당하게 맞설 수 있는 '정의'를 무기로 가지고 있기 때문이다. 그래서 정의로운 사람은 성취도 또한 높은 것이다.

많이 맞아본 사람이 강펀치도 날린다

권투선수에게 있어서 링 위의 세계는 냉정하다. 링 위에는 오직 자신과 상대 선수가 있을 뿐이다. 심판이 있지만, 그는 시합을 붙이고 격렬한 난타전이 일어나 위험한 고비를 맞았을 때 떼어놓는 역할 정도밖에 하지 않는다. 물론 어느 선수가 규정에 어긋난 반칙을 할 경우도 있지만, 웬만하면 심판은 모르는 척 넘어가기 마련이다. 관객의 야유와 환호가 엇갈리는 가운데 더욱 불꽃 튀는 시합을 보여줘 경기장을 흥분의 도가니로 몰아넣기 위해서다.

'정치'라는 무대도 권투시합의 '링'과 다르지 않다. 국민이라는 '관객'이 있고, 여야 후보가 홍코너와 청코너의 권투선수처럼 자기 당의 대표선수가 되어 선거전을 치른다. 물론 그 이외의 여러 당 후보들이 있지만, 대체로 다수의 의석수를 가진 여당과 대표 야당 후보가 당선을 위해 '타이틀 매치'를 벌이는 경우가 많다. 이때 '링' 위의 선수를 향한 관객의 환호처럼, 어떤 후보에 대한 국민의 지지도가 높으냐가 선거의 관건이다. 선거전이 막바지에 이를수록 상대 후보에 대한 약점을 지적해 공격의 펀치를 날린다. 일명 '네거티브 전략'이다.

박빙의 승부로 누가 이길지 모르는 판도일 때는 링 위의 권투선수나 선거전을 치르는 여야 후보나 맞을 만큼 맞고 지칠 만큼 지쳐 있는 상태다. 권투선수가 상대의 허점을 노리는 것처럼, 여야 후보들이 상대의 약점을 파고드는 것도 일종의 전략일 수 있다. 그러나 네거티브 전략처럼 비열한 것은 없다. 선거전에서의 정면 승부는 당당히 정책 대결로 나가야 한다. 어떤 후보가 국가나 혹은 지자체의 미래를 발전시킬 공약을 들고 나왔고, 그것이 과연 실천 가능한 계획인가에 유권자는 관심을 갖게 마련이다. 선거전 막바지에 심리적으로 몰려 네거티브 전략으로 나오는 후보들이 대개 낙선하는 것은 바로 국민들로부터 크게 설득력을 얻지 못하기 때문이다. 네거티브 전략이야말로 선거가 끝나면 '아니면 말고'가 될 우려가 높다는 걸 국민들은 모두 인식하고 있는 것이다.

권투경기의 경우 후반전으로 갈수록 초조함을 느끼는 선수가 먼저 심판 모르게 이리저리 상대의 공격을 피하면서 야비하게 반칙을 쓰려고 기회를 노리게 돼 있다. 자신감 있는 선수는 상대의 약점을 찾아 잽을 구사하여 거리재기를 하면서 마지막 강펀치 한 방을 노린다. 마지막 회전까지 강펀치를 날리지 못할 경우도 있지만, 부지런히 잽을 날리는 선수가 심판들에게 많은 점수를 얻어 판정승을 이끌어낼 수 있다.

정치의 세계도 링 위에서 승부를 겨루는 권투선수처럼 승부가 결정되는 순간은 냉혹할 수밖에 없다. 선수들끼리 서로 대결하다 보면 유능한 선수도 상대 선수에게 맞는 것은 각오해야만 한다. 잽을 몇 번 맞아주고 강펀치를 날리는 경우도 있지만, 후반전으로 가면서 자주 잽을 맞으면 오히려 강펀치를 날릴 힘마저 빠져 전략에 실패하는 경우도 생길 수 있다. 정치인들이 선거전을 치를 때 상대의 약점을 잡아 네거티브 전략으로 일관하는 야비한 술수도 그러한 의외의 결과를 얻기 위한 치졸한 방법이라고 할 수 있다. 정면 대결로 승리하기 어려운 허약한 후보들이 대개 그런 전략을 구사하다 실패하고 만다.

일단 링 위에 올라간 권투선수들은 서로 잽을 주고받으며 얻어맞을 수밖에 없다. 후보로 나선 정치인들도 선거전에 돌입하면 상대의 네거티브 전략으로 잦은 잽을 얻어맞는다. 실력 있는 선수는 잽을 자주 맞으면서 더욱 강한 힘을 비축해두었다가 강펀치를 날린다. 자신감이 있는 정치인은 상대 후보의 네거티브 전략에 당하면서 오히려 힘을 키워 강펀치 한 방으로 제압해버린다.

많은 국민들이 마치 링 위의 권투경기를 관전하듯 여야 정치인들의 대결 구도를 볼 수 있는 것은 국회와 관련한 정기 및 임시총회, 국정감사 등의 텔레비전 생중계를 통해서다. 이때 국회의원들의 질의응답을 들으면 바로 그 진면목이 드러난다. 그동안 나라와 국민을 위해 그들이 어떤 노력을 해왔고, 잘못된 정책에 대한 대안을 어떻게 마련해왔는지 파악할 수 있는 기회인 것이다.

정치인들에게 텔레비전 중계에서의 국회 질의시간은 천금을 주고도 얻기 어려운 자기 홍보의 기회다. 약삭빠른 정치인들은 그 기회를 놓칠 수 없다는 생각에 국민을 대상으로 자기 자랑을 하기에 바쁘다. 권위를 세우기 위해 고개를 빳빳하게 세우고 답변자로 나온 상대에게 호령하고 엄포를 주고 야단을 치는데 질의시간을 다 허비해버린다. 한동안 자기 자신이 대단하다는 것을 유세한 후 답변자에게는 "네" 또는 "아니오"로 간단하게 답하라고 주문한다.

사실상 "네" 또는 "아니오"라는 주문은 재판정에서 검사가 피고인에게 죄를 물을 때 흔히 사용하는 방법이다. 이 방법 또한 권위를 세우기 위한 장치에 불과한데, 막상 답변할 사람은 말 한마디 제대로 하지 못하고 울며 겨자 먹기로 "네" 또는 "아니오"라고 대답해야만 한다.

정치인들 중에서는 검사나 판사, 변호사 등 법조계 출신들이 많다. 그들에게서 배운 것인지, 아니면 그 세계 출신들이라 그런지 국정

을 따지는 국회에서도 증인이나 참고인에게까지 법정의 피고인 다루
듯 하는 질문 공세를 하는 정치인들이 많다. 그러나 큰소리치는 정치
인일수록 그 질문은 속 빈 강정일 경우가 대부분이다. 질의할 분야에
대해 공부한 것도 별로 없고, 그렇다고 자료 등을 수집하는 데 노력
을 기울이지도 않았기 때문에, 그저 죄를 짓지도 않은 증인이나 참고
인을 향해 호통을 치는 것으로 자신에게 주어진 질의시간을 허비하고
마는 것이다.

이재명이 초선 성남시장으로 재임하고 있을 당시인 2014년 10
월 17일 판교에서 환풍구 추락사고가 일어났다. 제1회 판교테크노밸
리 축제가 열리던 H스퀘어 광장 유스페이스에서 음악 공연이 진행되
던 중, 지하철 환풍구 위에 올라서서 무대를 바라보던 관람객의 하중
을 견디지 못해 철제 덮개가 붕괴되면서 16명의 사망자와 11명의 부
상자가 발생한 사건이었다.

사고 당시 이재명은 분당구청에 임시로 경기·성남 합동 사고대
책본부를 마련하고 밤새워 현장 지휘를 하며 피해자들의 병원 치료와
장례, 법률 자문, 심리치료, 장학금 제도, 생계 지원책 등을 내놓았다.
이러한 발 빠른 대책으로 추락사고 발생 57시간 만인 2014년 10월
20일 유가족과의 합의를 이끌어내 무사히 희생자들의 장례까지 마칠
수 있었다.

바로 그해인 2014년 말 국정감사 때 지자체단체장으로서 이재명은 참고인석에 앉아 국회의원들의 질의를 받게 되었다. 당연히 판교 환풍구 추락사고의 책임과 대책 등에 대한 공격적인 질의가 그에게 집중포화로 날아왔다.

이재명은 사고 당시의 상황에서부터 대책본부설립, 사고 원인 규명, 사고대책과 유가족 합의 등에 대하여 국회의원들의 질의에 성실하게 답변했다. 그는 시장으로서 사고대책에 최선을 다했으므로 당당하게 답변할 수 있었다.

여당의 한 국회의원이 질의할 때였다. 박근혜 정부의 핵심인사이기도 했던 J의원은 자신의 질의시간이 되자 무조건 호통부터 쳐대기 시작했다. 질문의 요지도 명확하지 않았을 뿐만 아니라 답변할 기회도 주지 않았고, 마이크를 잡은 것이 기회라도 된다는 듯 계속 장황한 연설로만 일관했다. 처음에는 판교 환풍구 추락사고에 대한 언급으로 시작하였으나, 나중에 그의 연설은 본질을 벗어나 마치 자신의 유세장이라도 되는 것처럼 참고인 이재명에게 호통만 쳐대는 것이었다.

이재명으로선 판교 환풍구 추락사고에 대해 국민들에게 제대로 설명을 해줄 수 있는 아주 소중한 시간이었다. 그런데 J의원의 경우 눈은 이재명을 향해 호통을 치는 듯하면서, 실제의 연설은 자기 지역구 유권자들에게 보란 듯이 국회의원으로서의 위세를 떠는 것이었다.

국회에서 큰소리를 친다고 의정활동을 잘하는 것은 아니다. 국정 감사에서 자료를 철저히 조사하고 분석해, 낮은 목소리로 증인이나 참고인들을 곤혹스럽게 할 정도로 날카로운 질문을 던지는 국회의원이 진정으로 국민이 원하는 정치인상이라고 할 수 있다. 적어도 국회의원의 질문은 국민이 궁금증을 불러일으키는 문제에 대하여 시원한 답변을 들을 수 있도록 해주어야 한다.

역대 국회의원들 중 국민의 가슴을 시원하게 해주는 질문을 던진 정치인으로 노무현 전 대통령을 꼽을 수 있다. '5공 청문회' 당시 국회의원 노무현은 전두환과 노태우 전 대통령을 꼼짝 못 하게 할 정도로 날카로운 질문을 던져 일약 스타 정치인으로 떠올랐다. 당시 노무현은 "네" 또는 "아니오"라는 답을 요구하는 질문을 던지지 않았다. 반드시 사건 규명의 열쇠가 되는 답변을 요구하였으며, "그래서"와 같은 더 깊은 질문으로 이어져 상대를 곤혹스럽게 만들었던 것이다.

이재명은 여당 국회의원들이 질문을 던지면 시원하게 답변할 수 있는 마음의 준비가 되어 있었다. 그런데 국정감사장이라기보다는 공개된 유세 현장을 방불케 하는 J의원의 연설을 들으면서 그는 실소를 머금을 수밖에 없었다.

지루함을 참지 못한 이재명의 얼굴에서 웃음이 터지는 것을 참기 위해 입꼬리가 올라가자, 대뜸 J의원은 "국회의원이 질의를 하는 엄숙

한 자리에서 감히 실실 쪼개느냐?"며 호통을 쳐댔다. 이것도 일종의 지역구 유권자들을 향한 국회의원으로서의 권위를 보여주기 위한 치졸한 전략이라고 할 수 있었다.

그 말을 듣는 순간, 이재명은 너무 황당하고 어이가 없었다. "실실 쪼개다"라는 말은 국회의원이 쓰기에는 적당치 않은 시정잡배들의 언사였던 것이다. 그렇게 J의원이 호통을 치는 사이 질의시간은 다 끝나고 말았다. 이재명이 답변할 시간조차 없었다. 그래도 한마디 답변은 하고 넘어가야만 했다. 이때 그의 순발력이 발동되었다.

"실로 '실실 쪼갠다'란 말 참 오랜만에 들어봅니다. 제가 상대원공단에서 공원 노릇을 하던 시절 뒷골목 건달들이 껌을 짝짝 씹고 침을 찍찍 뱉으며 한쪽 다리를 학질 걸린 듯이 떨면서 아이들에게 엄포를 주기 위해 쓰던 말을, 40년 만에 오늘 처음 듣습니다."

이와 같은 이재명의 말에 국회의원석은 일순 조용해졌다. 그 한마디로 국회의원의 질적 수준이 그대로 뒷골목 건달로 추락하는 순간이었던 것이다. 당시 텔레비전 중계를 보던 국민들은 모두들 통쾌하게 생각했으며, 그때부터 그에게 '사이다'란 별명을 붙여주었다.

권투선수 무함마드 알리는 "나비처럼 날아가 벌처럼 쏜다"라는 유명한 말을 남겼다. 이재명이 J의원에게 날린 '사이다 발언'은 알리가 경쾌하게 강펀치를 날리는 듯한 시원한 '말 펀치'에 다름 아니었다.

이재명이 일명 '사이다 발언'을 할 수 있었던 것은 사고대책에 만전을 기했으므로 떳떳하고 당당한 입장이었기 때문이다. 그가 판교 환풍구 추락사고를 빠르게 수습할 수 있었던 것은 사고 직후 사망한 유가족이나 부상자 가족 1명당 전담 공무원을 2명씩 붙여 밀착 지원을 했으며, 시 고문변호사 5명을 배치해 법률상담을 전담토록 했기 때문이다. 아울러 정신건강증진센터를 통해 유가족과 부상자 가족의 심리상담 서비스도 실시했으며, 미성년자 유가족의 경우 국민기초생활보장 수급자로 지정해 생계를 지원했다. 또한 유가족의 요구를 적극적으로 받아들여 판교테크노밸리 축제를 주관했던 (주)이데일리의 장학금 지원도 이끌어냈다.

당시 경찰의 최종 수사결과 공연 주최주관자인 이데일리TV, 경기과학기술진흥원의 안전관리 소홀과 환풍구 공사업체의 부실한 시공이 사고의 원인으로 밝혀졌다. 이에 따라 성남시는 지역 안전을 강화하기 위해 환기구 설계와 시공은 물론 유지관리에 관한 가이드라인을 제정했으며, 옥외행사의 안전관리 등에 관한 조례를 제정해 미연에 사고를 방지할 수 있도록 철저히 대비하였다.

이렇게 신속한 행정 절차를 거쳐 이재명은 2015년 2월 11일 사망자 16명의 유가족에게 65억 원을, 그리고 5월 17일에는 부상자 11명에게 45억 원을 지급했다. 그리고 전담 공무원들로 하여금 피해자 가족에 대해 지속적인 모니터링을 하게 함으로써 사회 복귀 후의 생활에도 도움을 줄 수 있도록 조치했다.

지방자치단체장으로 할 일을 했을 뿐인데, 이재명은 사고를 당한 유가족으로부터 감사패를 받기도 했다. 2016년 8월 17일 판교 환풍구 추락사고 부상자 대표(김도경)는 성남시청 시장실을 방문해 감사패를 전달하고, 그동안 여러 가지 재난 수습을 도와주고 부상자들의 치료를 끝까지 챙겨준 데 대한 고마움의 뜻을 전했다.

당시 이재명은 쑥스러운 마음으로 감사패를 받으며 다음과 같이 말했다.

"당시 사고 소식을 듣고 나서 모두가 회피하려고 했지만, 성남시는 책임을 다하려고 끝까지 노력했고, 당연히 해야 할 일을 했다고 생각합니다. 유가족 여러분들이 마음의 상처를 극복하고 빨리 일상으로 돌아가 행복하게 잘 살기를 바라는 마음뿐이었습니다. 앞으로도 모든 시정에 있어서 마지막까지 챙기는 마음으로 열심히 노력하겠습니다."

판교 환풍구 추락사고에 대한 이재명의 순발력 있는 대처는 국민의 생명에 대한 정치인의 인식이 얼마나 중요한가를 보여주는 대표적인 사례가 되었다. 이 사고보다 6개월 먼저 발생한 2014년 4월 14일 세월호 사건 당시 박근혜 정부의 늑장 대처가 얼마나 많은 소중한 생명을 앗아갔는지에 대해 국민들은 잘 알고 있었기 때문에, 이재명의 순발력 있는 행정조치는 더욱 빛날 수밖에 없었다.

이재명의 이와 같은 순발력은 과연 어디에서 비롯된 것일까. 그는 어린 시절 공단에서 가장 밑바닥 인생이라 할 수 있는 이른바 '공돌이(공원)' 생활을 하면서 뼈저리게 느낀 것이 있었다. 그는 15~17세까지 상대원공단의 '대양실업'이라는 공장에서 야구 글러브 만드는 일을 하다 가죽을 재단하는 프레스에 왼팔을 다쳤다. 당시엔 산재보험이란 것도 제대로 갖추어지지 않아 병원에 가서 다친 상처만 치료했는데, 나중에 보니 왼팔 두 개의 뼈 중 한 개의 뼈가 자라지 않아 팔이 굽어버렸다. 그로 인해 지체 장애 6급 판정을 받았고, 그는 굽은 왼팔을 감추기 위해 한여름에도 긴 소매의 옷을 입어야만 했다.

이재명은 자신의 어린 시절 체험을 통해 서민들의 아픔을 뼈저리게 느꼈으며, 가난하고 억울한 사연을 가진 많은 사람들을 돕기 위해 노력하는 가장 대표적인 정치인이 되었다. 그의 행정에 대한 판단력과 순발력, 추진력은 바로 어린 시절 체험에 바탕을 둔 아픔에서 비롯된 것이다. '링' 위에서 많이 맞아본 권투선수가 강펀치도 날리듯이, 그는 인생의 링 위에서 겪은 아픔을 마음의 바탕에 깔아 국민의 생명을 소중하게 생각하는 정치인으로 거듭날 수 있었다. 그래서 그가 날리는 정치 무대에서의 강펀치는 국민들에게 '사이다'와도 같은 '시원한 한 방'을 안겨 주는 것이다.

정치인에게 있어서 성취력이란 정치행정의 집행과정에서 처음부터 끝까지 완벽하게 마무리를 짓는 능력을 말한다. 이재명은 소년 공장 노무자 시절 왼팔을 다쳐 제대로 완벽한 치료를 받지 못했기 때문에 장애자가 되었고, 그래서 어떤 일을 하더라도 완벽을 기하려고 노력하였다. 판교테크노밸리 환풍구 사고 때 추락사고 유가족들이 감사패를 전달한 것도 끝까지 챙겨주는 그의 성취력을 높이 샀기 때문이었다.

정치 프레임 씌우기의 허점을 공격하라

한때 우파 정치인들이 좌파를 공격할 때 흔히 전매특허처럼 쓰는 전략이 '빨갱이 프레임'이었다. 해방 이후 남북 분단으로 인한 민족의 분열을 우파들은 그런 식으로 몰고 가서 상대 당을 사상범으로 재단하려고 했다. 2000년대 이전까지만 해도 6·25 전쟁을 겪은 세대의 유권자에게 그런 전략이 어느 정도 먹혀들기도 했다. 심지어 선거전에서 밀릴 것 같으니까, '빨갱이 프레임' 전략으로 나오던 우파가 1997년 대선 직전에는 극비리에 북한 인사를 만난 일로 한때 '총풍 사건'이 빚어진 적도 있었다. 북한으로 하여금 휴전선에서 총을 쏘아 달라고 하여 전쟁이 일어날지도 모른다는 불안감을 조성해 지지표를 얻겠다는, 매국 행위와 다름없는 짓을 서슴지 않았던 것이다.

그러나 이제는 전쟁 체험 세대가 점차 노령화되면서 유권자가 줄어드는 대신 전후에 태어난 젊은이들이 대다수의 유권자 연령층이 되면서 '빨갱이 프레임'은 낡은 수법이 되어버렸다. 전쟁을 겪지 않은 세대들에게 '빨갱이'는 피부에 와 닿는 효과를 거두기 어려운 단어로 퇴색해버린 것이다. 그러자 우파에서 새롭게 들고나온 것이 '종북 프레임'이었다. 북한의 정치나 사상을 추종한다는 것인데, 이는 말만 바뀌었을 뿐 이전의 '빨갱이 프레임'과 별반 차이가 없는 아주 치졸하고 저급한 전략이다.

2000년대 이후 국민들은 다양한 정보 채널을 통해 북한의 실상을 다 알고 있으며, 남북의 경제 격차도 크게 벌어져 있는 상태라 '종북 프레임'도 먹혀들 여지가 별로 없다. 그런데도 툭하면 우파들은 '종북'을 들고 나온다. 군부독재 시기이던 1970~80년대의 낡은 정치 행태에서 조금도 발전하지 못한 구태가 반복되고 있는 것이다. 한국 정치가 발전하지 못하는 것은 정치인들의 생각이 고작 그 수준에 머물러 있기 때문이다. 진지하게 정치 발전을 위해 공부를 하고 국가의 미래를 내다보는 혜안을 길러야 하는데, 과거에 얽매여서 한 치의 진보도 없이 제자리걸음하고 있는 것이다.

지난 대선이 치러지던 2017년에도 우파 후보자들은 '종북 프레임'을 들고 나왔다. TV 공개 토론에서 "주적이 어디냐?"는 질문을 상대 후보에게 던진 것이다. 이러한 질문을 던진 후보는 한국 국적을 가진 사람이라고 볼 수 없다. 하다못해 한국을 아는 외국인도 그런 단수 낮은 질문을 던지지는 않는다. 사자성어도 '불문가지(不問可知)'인 것을 묻는 바보는 없다. 초등학교 학생들도 그런 질문은 하지 않는다. 이는 그다음 상대 후보의 답변에 따라 말꼬투리를 잡자는 계산인데, 대통령이 되겠다고 나온 사람의 수준이 그런 질문을 던지는 정도라면 초등학교 반장 선거에 출마하는 것이 차라리 나을 정도다. 국민이 다 보는 TV 공개 토론장에서 그런 쓸데없는 질문으로 시간을 허비한다면 시청하는 국민에게 비싼 값을 지불해야 한다. 국민들은 앞으로는 제발 그런 몰지각한 후보가 나오지 않기만을 바랄 뿐이다.

지금 이 시대에 우파가 말하는 종북주의자는 남한에 거의 존재하지 않는다고 보아도 좋다. 그보다는 큰소리치면서 '종북 프레임'을 자주 들먹이는 우파들 중에는 친일파 계보의 인사들이 더 많다. 현재 기득권 세력의 줄기가 친일파에서 뻗어 내려왔기 때문이다. 스스로 친일파임을 숨기기 위해 좌파를 '종북 프레임'으로 씌우는 경우도 더러 있다.

해방 이후 처음부터 단추를 잘못 끼워 우파와 좌파가 갈라져 대립하고, 그 구태가 아직까지 정치권에서 공공연하게 자행되고 있다는 것은 한국의 불행이다. 언제까지 우파와 좌파의 진영논리를 가지고 싸움이나 하고 있을 것인지, 참으로 딱한 노릇이 아닐 수 없다.

이제 한국은 새로운 미래 과제를 가지고 개혁적인 정치를 펼쳐야 할 때다. 실제로 좌파와 우파는 별로 없고, 거의 대부분은 중도보수라고 할 수 있다. 여야를 불문하고 많은 정치인들이 중도보수인데, 좌우로 편을 갈라 비생산·비효율적인 진영논리 싸움으로 아까운 시간을 허비하고 있다. 미국·중국·러시아·일본 등 강대국 사이에 끼어 있는 한국은 이제 그들의 간섭으로부터 벗어나 새롭게 미래의 자주적인 국정 운영과 국민의 희망을 설계해 나가야 할 때다. 이는 남북한 모두에게 해당된 분단의 과제이기도 하다.

그래서 이제 한국이 IT강국으로 한 걸음 더 나가기 위해서는 미래의 희망을 줄 대통령을 필요로 한다. 강력한 개혁정치가 요구되는 것은 바로 그러한 이유 때문이다. 전두환·노태우 군부정권 종식 이후 한국은 민주주의 정착 단계로 접어들었다. 그 단적인 사례가 삼당 야합으로 대통령이 된 김영삼 정부 다음 오래도록 야권의 세력으로 있던 김대중·노무현 정부가 들어섰고, 그다음으로 다시 정치 이념을 달리하는 이명박·박근혜 정부가 바통터치를 한 것을 들 수 있다. 5년 단임제로 두 번에 걸쳐 10년씩 여야가 바뀌는 가장 합리적인 민주주의 형태를 우리 유권자들이 만들어낸 것이다. 그런 점에서 우리 국민들은 위대하다. 일개 정당이 10년 이상 정권을 유지하면 독단으로 치우쳐 구태정치를 남발할 우려가 크다. 그것을 방지하기 위해 국민들은 투표로 정확하게 정치인들에게 경고를 보낸 것이다.

이명박·박근혜 정부의 정치적 부패와 실정 결과를 국민들은 촛불혁명을 통해 보여주었다. 그리고 문재인 정부가 들어서서 4년이 지나가고 있으며, 이제 곧 제20대 대통령선거를 2022년에 치르게 되는 시점에 이르렀다. 여기서 다음 대통령이 누가 되어야 하는지가 매우 중요하다. 문재인 정부는 정의와 공정을 내세운 개혁정치를 표방했으나, 원래 기득권 세력의 방해 공작이 심해 공격적인 과감한 정책 추진에 미치지 못한 부분이 많다. 좀 더 과감한 정치 개혁과 전략적 이노베이션이 필요한 때다.

이노베이션은 경제계에서 자주 쓰는 용어다. 변화가 없는 집단은 발전을 이룰 수가 없다. IT시대의 물결은 잔잔한 파도가 아니라 격랑처럼 포효하며 달려오고 있다. 그 물결에 능동적으로 대처하기 위해서는 늘 긴장하면서 자기 혁신을 하지 않으면 안 된다. 그래도 한국경제는 그동안의 노하우 축적으로 충분히 능동적으로 대처할 수 있는 능력을 갖고 있어 희망적이다. 그러나 정치 부문에서는 아직도 1970년대에 머물러 있다. 도무지 개혁의 기미가 보이지 않는다. 사람이 바뀌어야 하는데 구태에 물든 정치인들이 기득권을 놓치지 않으려고 초록이 동색인 검찰 세력까지 동원해 개혁의 드라이브에 제동을 걸고 있다.

이제야말로 한국의 정치는 강력한 리더십의 대통령이 필요한 때다. 1970년대 수준에 머물러 있는 정치 판도를 세계 수준으로 끌어올리기 위해서는 개혁의 강도를 최고조로 높여야 한다. 그러나 개혁의 걸림돌이 되고 있는 것은 여전히 정치권의 좌우 대립이다. 국민은 극좌와 극우도 아닌 중도파가 대부분이다. 그러나 정치인들은 자기 세력을 보호하는 방패막이로 삼기 위해 상대 당을 극좌 또는 극우로 몰고 있다. 이는 국민의 진정한 마음을 무시한 그들만의 싸움이다. 아무런 발전적 효과도 거둘 수 없는 그저 말싸움에 불과한 시간 낭비를 일삼고 있는 것이다.

이러한 비효율적인 정쟁을 종식시킬 수 있는 강력한 리더십을 가진 인물이 다음 대통령으로 나와야 한다. 이재명도 한때 우파들의 '종북 프레임' 전략으로 구설수에 오른 적이 있다. 그러나 그는 아주 간단한 방법으로 그들의 입을 틀어막았다.

민선 5기 성남시장이 되었을 때 이재명은 청소노동자 월급을 제대로 받게 해주어 처음으로 호평을 받는 기사가 언론에 나간 적이 있었다. 성남시에서 운영하는 시립도서관 같은 건물에서 일하는 청소노동자들 월급은 2010년 당시 110만 원 정도밖에 안 되었다. 분명 자료에는 그보다 많은 월급이 지불되는 것으로 나와 있는데, 실제로 받는 월급과 너무 차이가 났다. 이상한 일이 아닐 수 없었다. 알고 보니 일단 시에서는 정액이 다 나가는데, 청소노동자를 소개하는 위탁업체에서 1인당 40만 원 가까이 소개비로 떼는 것이었다. 그러다 보니 시청에서 지불하는 150여만 원에서 40만 원을 소개비를 제하고 청소노동자들이 받는 실수령액은 110만 원 정도밖에 되지 않았다.

이재명은 곧바로 시청에서 지불하는 월급 150여만 원을 청소노동자들이 모두 받을 수 있도록 행정 조처를 취했다. 위탁업체는 시청과 계약할 때 보장된 이윤을 받도록 되어 있는데, 그들이 청소노동자에게 소개비 명목으로 40만 원씩이나 더 떼어 챙기는 것이었다. 당시 성남시에는 청소용역을 주는 위탁업체가 16개소 있었는데, 권리금이 20억 원씩 한다고 했다. 그만큼 앉아서 황금알을 낳는 업종이었다. 한 달에 청소노동자 1명당 40만 원씩 소개비로 챙긴다고 할 경우 10명만 확보하고 있어도 위탁업체가 챙기는 돈이 400만 원이 되니, 그보다 훨씬 많은 청소노동자를 확보하고 있는 업체의 수익은 그만큼 크게 늘어나게 되는 것이었다.

이러한 불합리한 관행을 고치기 위해 이재명은 청소노동자들이 직접 청소회사를 만들어 청소용역을 맡기도록 하는 정책을 구사했다. 이렇게 되면서 청소노동자들은 40만 원 가까운 월급을 더 받을 수 있게 되었다. 그런데 청소노동자가 중심이 되어 만든 사회적 기업인 청소회사에서 새로 고용한 사람들 중 옛날 통진당원이 몇 명 있었다.

그것을 두고 종편 채널에 출연한 한 우파 인사가 이재명을 종북론자로 몰아세웠다. 아나운서 출신 논객은 그를 '종북성향 지자체장'이라며 퇴출 대상이라고 성토했다. 이때 이재명은 손해배상청구소송을 냈고, 법원은 그 논객에게 500만 원을 배상하라고 판결했다.

이재명은 말도 안 되는 내용을 가지고 그에게 '종북 프레임'을 씌우려는 우파 인사들에게 정면으로 항의했다. 당시는 박근혜 정부 시절이었는데, 성남시의 청소노동자들이 세운 사회적 기업에 정부가 현금 지원을 하고 있었다. 더구나 사회적 기업 인증심사 때 최고 점수를 준 것도 새누리당의 시의원이었다.

"일거리를 준 내가 종북이면 몇억 원씩 지원한 박근혜 대통령은 고정간첩입니다."

이렇게 이재명이 강력하게 나오자, 그 이후 우파 논객들은 더 이상 그에게 '종북 프레임'을 씌우지 못했다.

이재명은 진보와 보수, 좌우 대립의 프레임은 한국에서 시급히 사라져야 할 구태정치라고 말한다. 이는 단순히 상대편을 공격하기 위한 전략적 도구로, 국민들을 분열시키는 최악의 적폐 중에서도 대표격인 암 덩어리이기 때문이다.

많이 손해 보고 많이 당해본 사람이 상대방의 허점도 즉각적으로 찾아낸다. 이재명은 어린 시절 공장 노동자로 일하면서 월급을 떼인 적도 있고, 억울한 일도 많이 당했다. 그러면서 체질적으로 방어본능이 강화되었다. 그는 오랜 세월을 어금니 꽉 깨물고 세상에 도전하며 당당하게 대처해왔다.

이재명이 좋아하는 한시가 하나 있다. 중국 청나라 때 시인 정섭(鄭燮)의 '죽석(竹石)'이라는 시다.

咬定靑山不放鬆(교정청산불방송)

立根原在破巖中(입근원재파암중)

千磨萬擊還堅勁(천마만격환견경)

任爾東西南北風(임이동서남북풍)

푸른산 꽉 깨물고 놓아주지 않는 것은

원래 바위틈에 뿌리를 내렸기 때문이네

천만번 비바람에도 여전히 굳세게 버텨

동서남북 어느 바람에도 당당히 맞서네

이재명이 '죽석'이란 시를 좋아하는 이유는 그 자신의 삶이 바로 바위틈에 꽉 박혀 있는 대나무와 같다고 생각하기 때문이다.

대쪽 같은 삶을 살아온 이재명은 불의(不義)나 정도(正道)에서 벗어난 일을 보면 마치 바늘로 얼음을 깨는 심정으로 정면 대결을 했다. 그는 정도를 무기로 싸우기 때문에 어떤 도전 앞에서도 눈에 띄는 성취력을 보여주고 있다. '종북 프레임'만 해도 그렇다. 그는 남북분단시대에서 정치인이 상대를 사상적으로 궁지에 몰기 위해 무모하게 '종북몰이'를 한다는 것은 명백한 범죄행위라고 생각한다. 깨끗한 민주사회가 되기 위해서는 그런 범죄행위는 마땅히 척결되어야만 한다.

제5장

예지력

한국의 유통경제를 살리는 기본소득

조세정책은 공평해야 하는데, 한국은 오래전부터 형평성 잃은 잣대로 세금을 징수해왔다. 경기가 침체할 때마다 부양책으로 나온 것이 '부자감세'였다. 부자들의 주머니를 열게 하여 불경기에 막힌 유통시장을 원활하게 돌아가게 하자는 명분이었다. 그러나 부자들로부터 세를 적게 걷는다고 그들이 유통시장에 돈을 풀어 경기를 활성화시킨 적은 거의 없다. 오히려 은행에서 5만 원권 다발들이 급격히 풀려나가 어디론가 사라지는 바람에 국가에서는 새로운 지폐를 찍어내기에 바쁘다. 그렇게 지폐를 찍어내는 데 이중으로 돈이 들어가 국가적으로도 큰 손해를 보고 있다. 과연 그 돈다발들은 어디로 사라져 버렸는지 여러 가지 추측이 난무하지만, 이유는 간단하다. 현금 보유 부자들이 세금을 줄이기 위해 돈다발을 꽁꽁 감추어둔 채 시장에 내놓지 않는 것이다. 심지어 재산을 숨기기 위해 고급 주택을 팔아 더 고급인 월세가 기천만 원씩 하는 주택에 세 들어 사는 부류까지 있을 정도다. 그러니 유통시장이 제대로 돌아갈 리가 없다. 더구나 부자들은 국내 유통시장이 돌아가게 하기 위해 돈을 푸는 것이 아니라, 오히려 외국에 나가 명품을 사들여 내수 진작보다는 외화를 낭비하는 역효과를 불러오고 있다. 돈과 권력으로 세관까지 무사통과해 명품 장사까지 하는 판이다.

한국경제는 전폭적으로 대기업을 살리는 국가 정책 기조로 후진국에서 일약 선진국 대열로 올라서는 기반을 마련한 것이 사실이다. 국가에서 정책적으로 적극 대기업을 밀어주었고, 대기업은 수출주도 전략으로 외화를 벌어들였다. 정부는 기업들로 하여금 바다를 메워 공장 부지를 마련하도록 인허가 규제를 대폭 풀어주고, 공장을 가동하는 데 필요한 전기나 공업용수의 사용에도 세제 감면 혜택을 주었다. 따라서 기업들은 일반 국민보다 싼 가격으로 전기세와 물세를 내왔으며, 그것이 기업의 지속성장에 큰 도움이 된 것이 사실이다. 가만히 들여다보면 결국 국민이 비싸게 내는 세금을 기업들이 가져간 셈이다. 이는 90%의 서민에게서 받은 세금을 풀어 10%의 기업가들에게 조금씩 나눠주고 있는 꼴이다. 거기에다 부자감세까지 해주니 한국의 부를 거머쥔 기득권층은 꿩 먹고 알 먹고, 도랑 치고 가재 잡는 아주 짭짤한 실속을 챙겨온 것이다.

그렇다면 대기업이 뱃속을 채울 만큼 채우고도 여전히 공룡처럼 배고파하는 이유가 무엇인지 궁금하다. 그들의 속성상 멈추지 않는 '욕망'이란 이름의 열차를 탔기 때문이기도 하지만, 실상 그 내면에는 또 다른 피치 못할 사정이 있다. 바로 그들을 앞에서 끌고 뒤에서 밀어준 정치 세력들에게 그냥 입 닦고 모른 체 먼산바라기 시늉을 할 수는 없는 노릇인 것이다. 세상에 공짜는 없다. 도와주었으니 당연히 마음의 표시를 해야 하는 것이, 사람 사는 사회의 정이다. 결국 대기업들은 정치인들을 위해 비자금을 마련해야만 했고, 비밀리에 어둠 속 뒷거래를 통해 그 돈은 정치자금으로 풀려나갔다. 이는 한국 정치 70여 년 사상 끊임없이 지속되어온 '정경유착'의 근본 요인이다. 비근한 예로, 언젠가 한 기업인이 자살을 하면서 정치자금을 준 명단과 액수를 공개했다. 상당수의 거물 정치인 이름이 거론되고, 억대가 넘는 액수의 비자금을 받은 사람도 여러 명이었다. 그런데 사실상 법원에선 증거불충분을 이유로 그들을 무혐의 처분으로 풀어주었다. 법조인이고, 정치인이고, 기업인이고 모두가 '초록이 동색'임을 증거하는 사건이었다.

정작 이름이 거론되었으나, 법적으로 혐의가 없어 풀려난 정치인들의 얼굴 면면을 들여다보면 가관이다. 그들은 텔레비전 화면에 나와 자신의 죄가 없음을 자랑하는 당당한 얼굴로 적대 관계의 정치인들을 향해 일침을 가한다. 그것이 결국 자기 얼굴에 침 뱉는 결과인 줄로 모르고 큰소리 땅땅 치는 것이다. 국민들은 그것이 수치스러움 이라는 것을 다 아는데 그들만 모르고 있다.

더욱 뻔뻔스러운 것은 그런 정치인일수록 자신의 유식함을 내세 우기 위하 사자성어나 유명한 중국 고사를 자주 들먹인다. 그들은 중 국 고사 중 저 유명한 양진(楊震)의 고사를 아는지 모를 일이다. 후한 (後漢)의 명신인 양진은 형주자사(荊州刺史)를 지낸 사람인데, 그의 천거로 창읍(昌邑) 현령이 된 왕밀(王密)이 고마운 마음에 금덩어리 10근을 주었다. 그것을 받지 않자 "지금 밤중이라 아무도 보는 자가 없다"고 하자, 양진은 "하늘(天知)이 알고, 귀신이 알고(神知), 자네가 알고(子知), 내가 아는데(我知) 어찌 아는 사람이 없다고 하는가?"라 며 따끔한 일침을 주어 왕밀을 부끄럽게 만들었다고 한다.

법원 판결에서 증거불충분으로 무죄 판결을 받았다고 해서 죄가 없는 것이 아니다. 양진의 말처럼 하늘과 자살한 기업인의 귀신과 그 자신이 알고 있는데 뻔뻔하게 얼굴을 들고 나와 잘난 척하는 비양심 정치인을 보면 비린 생선을 먹을 때처럼 비위가 상한다. 그들이야말 로 양심조차 어디에다 팔아먹은 사람들임을 국민들은 잘 알고 있다.

대기업, 아니 중소기업들도 마찬가지다. 대부분 사업을 하려면 비 자금이 필요하다. 딱히 정치인에게 들어가는 돈이 아니더라도 사업을 이끌어가기 위해서는 겉으로 드러나지 않는 비자금이 필요하다. 사회 관행이 뒷거래를 용인하고 있기 때문에 울며 겨자 먹기로 비자금을 마련하지 않으면 사업을 하기 매우 어려운 것이 현실이다. 따라서 누구나 가슴에 손을 얹고 생각할 때 법적으로 아주 깨끗하게 살아왔다고 자부할 사람은 그리 많지 않다. 하다못해 일용직 근로자들에게 일자리를 소개하는 직업소개소 같은 곳에서도 뒷돈이 오고 가는 비정상 거래가 이루어질 정도다.

한국경제는 다른 나라와 비교해 급성장해온 경제 대국이므로 급한 나머지 빠른 방법을 찾기 위해 편법이 자행될 수밖에 없었는지도 모른다. 그러나 이제 세계 10위권의 경제선진국 대열에 들어섰으므로 뭔가 다른 모습을 보여줄 때가 됐다고 본다. 그런데도 대기업을 경영하는 재벌들, 부동산 투기로 불로소득을 취해 거들먹거리며 부자행세를 하는 졸부들, 그리고 그들의 비자금을 관행처럼 붕어 같은 입을 내밀고 뻐끔뻐끔 받아먹은 권력 실세들 대부분은 한국의 대표적인 가치관인 '보은(報恩)'조차 모르는 인색한들로 전락하고 말았다. 요즘 외국말이 하도 유행을 타다 보니 한자어로 된 '보은'이 무슨 뜻인지 잘 안 와닿는다면 외국말로 '기브 앤드 테이크(Give and take)', '도네이션(Donation)', '노블레스 오블리주(Noblesse oblige)' 등등은 잘 이해할 것이다. 이는 물건보다는 정(情)이고, 그보다도 차라리 '도덕

적 의무'를 다한다는 의미에 더 가깝다.

재벌과 권력 실세들로 이루어진 기득권 집단의 상당수가 '도덕 불
감증'에 걸려 있다. 자본주의 사회에서 가장 심한 병폐가 바로 그것이
다. 먼저 자본주의가 발달한 미국에서도 갑부들은 자기 재산을 털어
사회에 환원하고 있다. 그러나 한국의 경우 재벌들은 경제범죄를 저
질러 죄를 짓고 감옥에 들어갔을 때 경제를 살리라고 집행유예로 풀
어주지만, 재벌들이 내놓겠다고 국민과 약속한 돈도 감옥에서 나온
후에도 차일피일 미루다 없었던 일로 해버리는 경우가 있을 정도다.
그들과 비교할 때 최근 IT산업의 발달로 젊은 사업가들의 사업체가
급성장하면서, 자신의 재산을 상당 부분 사회에 기부하는 모습은 참
으로 아름다운 일이라 할 수 있다.

그러나 기부를 잘하는 일부 재벌들을 뺀 나머지 기득권 세력들은
여전히 자기 주머니 챙기기에 바쁘다. 심지어 한국을 대표하는 기업
들조차 오래전부터 문화재단을 설립해 사회기여 풍토를 만드는 듯했
으나, 그것 역시 그 내면을 가만히 들여다보면 국가에서 세금 혜택을
준다는 것을 역이용해 탈세의 온상지로 만드는 경우가 비일비재하였
다. 스스로 문화재단을 '빛 좋은 개살구'로 만드는 꼴이니, 정말 부끄
러운 일이 아닐 수 없다.

한국의 고질적 병폐인 정경유착의 구조가 그러하니, 10%의 기득

권 세력을 제외한 나머지 90%의 국민들은 그들을 위해 세금만 곧이 곧대로 물고 있는 것이다. 그동안 오래도록 부자감세를 해왔으니 이제부터라도 부자증세로 돌리면 90%의 국민들이 그동안 과도하게 낸 세금을 '복지정책'이라는 이름으로 돌려받는 셈이 될 수 있다고 생각하지만, 그것도 쉽게 해결될 전망이 보이지 않는다.

1997년 말부터 시작된 IMF 구제금융 사태로 서민들은 한 차례 큰 곤욕을 치렀다. 그때 이른바 '중산층'이라 자처하던 계층들도 부동산 졸부들에게 상당 부분의 재산을 저렴한 값에 팔아넘겨 서민층으로 전락하고 말았다. 지금 코로나19 팬데믹 여파 역시 서민들의 피를 말리는 충격파를 던지고 있다. 그 견디기 어려운 시간이 점점 길어지면서 한국경제는 일대 위기에 봉착해 있다.

이때 서민들을 구제하고 꽉 막힌 유통시장을 활성화하여 생필품 제조기업의 공장이 원활하게 돌아가도록 하기 위해 나온 구제책의 아이디어가 '기본소득제도'다. 풀뿌리 민주주의 제도로 뿌리내린 기초단체장 선거에서 성남시장을 두 번 거친 후 경기도지사가 된 이재명은, 그동안 한국 정치 현실의 축소판이라 할 수 있는 성남시의 특수성을 살려 96%의 공약 이행률을 달성한 시정 노하우 능력을 발휘해 코로나19 팬데믹의 고비를 넘길 방안으로 '기본소득'을 처음 제기하였다.

헌법 제38조에 '모든 국민은 법률이 정하는 바에 의하여 납세의 의무를 진다'라고 나와 있다. 그러므로 거두어들인 세금 중 일부를 국가 위기에 처했을 때 공평하게 나누어주는 것은 당연한 논리다. 그것이 바로 바람직한 행정이다. 원칙적으로 행정은 온누리를 비치는 햇빛처럼 모든 국민에게 그 혜택이 골고루 돌아가게 해야 한다.

기본소득은 모든 국민이 일정액의 현금을 지급받아 당장의 생활에 보탬이 되도록 하는 정책이다. 전 국민에게 주되 현금이 아닌 지역화폐로 지급함으로써 지역경제를 활성화하는 마중물 역할을 할 수 있도록 하고, 또한 생활자금에 여력이 있는 부자들에게 지급된 돈도 은행이나 개인 호주머니에 들어가지 않고 시장에 풀릴 수 있도록 하는 합리적인 방안이다.

이재명은 먼저 경기도민을 상대로 재난지원금을 두 차례에 걸쳐 각기 10만 원씩 지역화폐로 지급해 연매출 10억 원 이하의 중소상공인 영세 자영업자들이 운영하는 사업장에서 사용할 수 있도록 하였다. 부유층이든 서민층이든 지역경제를 살리는 마중물이 되도록 이러한 제한을 두었던 것이다.

여기서 이재명은 국민의 기초경제를 살리는 방안으로 기본소득을 채택하는 것이 바람직하다는 것을 피부로 느낄 수 있었다. 바로 이러한 지방자치제의 행정 경험을 통하여 국가 정책에도 기여할 수 있다는 것이 풀뿌리 민주주의라는 것을 실감하게 된 것이다.

사실상 이재명은 2017년 제19대 대선 후보로 나섰을 때 기본소득 공약을 내건 적이 있었다. 당시 국민 정서로는 생소한 개념이지만, 그로서는 여러 가지 행정 경험을 거쳐 나온 공약이었다. 즉 성남시장 시절 '성남시 청년 배당'을 통해 그 가능성을 타진한 바 있었다. 경기도 성남시에 3년 이상 거주한 만 24세의 청년에게 직업·소득·자산에 관계없이 연 100만 원을 지급하는 것이 청년 배당의 방식이었다. 물론 경기도지사가 된 이후에도 청년 배당 정책은 지속적으로 이어졌다. 이러한 청년 배당 행정 노하우를 가지고 그는 코로나19 팬데믹의 고비를 넘기는 전략의 한 방안으로 기본소득의 실효성을 강조하게 된 것이다.

이재명이 기본소득을 전 국민에게 일률적으로 나누어줘야 한다고 주장하는 것은 국민의 납세 의무에 따른 공평성과 다르지 않다고 보았기 때문이다. 국민이 낸 세금에서 국내 경기의 유동성 확보를 위해 여유 자금을 되돌려주는 것이므로 선별적 지원이 아닌 국민 모두에게 골고루 돌아가도록 하는 원칙을 지키는 것이 마땅하다고 판단한 것이다.

그러나 이재명의 기본소득 주장은 여야를 불문하고 많은 정치인들로부터 공격의 화살을 받고 있다. 그들의 주장은 이미 유럽의 선진국들이 시범적으로 시행하다 실패하거나 시도하려다 공감대를 형성하지 못해 거두어들인 것이 기본소득제도라는 것이다. 코로나19 팬데믹의 위기를 극복하기 위해서는 그들도 일반 서민에게 긴급생활자금을 지급해야 하는 것에는 동의하나 전 국민에게 골고루 나누어주는 기본소득 방식에는 찬성하지 않는 편이다. 일부 저소득층에게만 긴급생활자금을 지급해야 한다는 것이다. 그러나 만약 선별적으로 지원한다는 원칙을 세운다면 그 상한선을 어디에 두느냐의 문제에서 형평성이 훼손될 수 있음을 간과할 수 없다. 개인의 수입이나 자산을 기준으로 정할 경우 상한선에 든 사람과 아슬아슬하게 들지 못한 사람의 희비 문제를 해결할 방도가 없다. 더구나 빈부격차를 이유로 기본소득을 받는 가난한 서민을 천시하는 태도 역시 은근히 내재되어 있다. 마치 부자들이 기본소득을 받지 않는 만큼 서민에게 도움을 주는 것 같은 느낌을 주는 것이다. 기본소득은 서민들이 구걸해서 받는 돈이 아닌 납세의무를 가진 국민으로서의 당당한 권리다. 만약 부자들을 제외하고 일정 상한선을 정해 서민들에게만 기본소득 혜택이 돌아가도록 한다면 '불편부당'의 원칙에서 어긋난 불공정 행정이 될 수밖에 없다.

기본소득을 모든 국민에게 공평하게 나누어 주는 것은 세금의 공평성 논리에 따르는 것이다. 그 대신 이제부터라도 부자감세를 철회하고 부자증세로 바꾸어야 하며, 일반 서민들보다 기업들에게 주는 전기세나 물세 같은 혜택도 재벌들의 주머니 속 챙기는 결과가 되도록 하기에 앞서, 사회에 환원하는 기부제도를 활성화하는 쪽으로 유도해야만 한다. 상업의 도덕적 윤리 회복이 없이 한국의 미래 희망은 보이지 않는다.

그리고 기본소득 문제는 미래를 내다보고 장기적으로 정책을 결정하는 것이냐, 아니면 당장 눈앞의 현실을 해결하기 위해 단발성으로 내놓는 당의정에 불과한 것이냐에 있다고 하겠다. 모름지기 국가의 정책은 현안 해결과 함께 장기적인 안목으로 미래를 내다보는 혜안이 있어야 한다.

이재명은 기본소득의 보편적 지급 방식이 일부 정치인들의 공격처럼 선심성 지원이 아니라고 말한다. 저소득층과 고소득층에게 골고루 혜택이 돌아가는 것이 공평성의 원리에 어긋나지 않는다는 것이다. 그는 코로나19의 위기 국면에 단순히 수동적으로 대처할 것이 아니라, 적극적으로 극복할 수 있는 방법을 강구해 위기를 기회로 만들어 새로운 시대를 준비해 나가야 한다고 강조하고 있다.

"산업혁명 이후 자본주의 위기를 복지제도로 극복해왔듯이, 기술혁명과 인공지능, 대량실업과 과도한 이윤집중으로 상징되는 제4차 산업혁명 시대에는 뉴 패러다임의 정책이 필요합니다."

이재명은 바로 새로운 시대의 새로운 정책이 사회 공동자산으로부터 생겨난 공동의 이익을 국민 모두가 공평하게 취득하는 기본소득 제도임을 역설했다. 그는 복지가 가난한 자를 돕기 위한 자선이나 시혜가 아니라 주권자의 인간다운 삶을 위해 헌법이 부여한 국가의 의무이자 국민의 권리라고 말한다. 따라서 국민은 자신의 더 안전하고 더 나은 삶을 위해 세금을 내고 대리인인 정치인을 선출해 권력을 위임한 후 공동체의 안전보장과 질서유지, 번영을 위해 일하도록 명령하는 것이 바로 선거임을 명확히 했다.

> "정부의 모든 재원은 국민의 것이고, 정부는 국민을 위하여 일한다기보다 국민의 일을 대리하는 것입니다. 그렇기 때문에 국가적 재난으로 국민 모두가 위기를 당했을 때 정부의 재원과 권한으로 국민의 무너지는 삶을 보듬고, 침체되는 경제를 살리며, 미래의 불안을 제거하는 것은 정부의 의무이며 국민의 당당한 권리이고, 이를 위한 재정지출은 국민이 대상으로서 도움을 받는 지원이 아니라 주체인 국민이 당당하게 권리로서 요구하는 소득인 것입니다."

이재명은 이처럼 SNS를 통하여 기본소득이 국민의 당당한 권리임을 불특정 다수의 팔로워들에게 거듭 강조하였다. 그는 하루에 4시간 이상 SNS 유통망으로 수십만 명과 소통의 장을 펼친다. 대화 창구는 유튜브 · 밴드 · 트위터 · 카카오톡 · 인스타그램 등등 다양한 채널이 열려 있다. 출퇴근 시간에 차 안에서, 식사를 전후한 시간, 약속한 사람을 기다리면서, 언제 어디서나 조금만 짬이 나면 스마트폰을 손에 들고 모바일을 통해 정보를 공유한다. 이러한 과정에서 그는 '집단지성'의 저력과 그 아이디어의 신선함, 남녀노소 · 지위고하를 막론하고 서로 통하는 동질성의 세계를 경험한다. 집단지성이야말로 이러한 모든 사람들의 의견이 반영된 합리적이고 이성적인 패러다임을 창출하는 지적 에너지 혁명임을 새삼 절감하게 된다.

사실상 이재명은 이와 같은 SNS 유통망을 통해서 2011년에 '이재명과 소주 한 잔'이란 인터넷 모임을 만들었다. 그것이 2015년에는 '이재명과 손가락혁명군'으로, 2017년 대선 후보로 나온 이후부터는 '재명 투게더'로 명칭이 변경되면서 그를 지지하는 팔로워의 수가 날로 늘어나고 있다. 이들은 그와 함께 정치적 혁명을 위한 집단지성의 공동체로 작용하면서, 한국의 정치적 미래비전을 제시하는 역할까지 공유해나가고 있다.

이재명은 기본소득제도에 대하여 그 재원확보를 어떻게 할 것이냐에 대한 우파 정치인들의 공격을 받았을 때 다음과 같이 말한 바 있다.

"국민적 공감대 형성과 합의에 기초해 피할 수 없는 탄소세, 데이터

세, 인공지능 로봇세, 국토보유세 등의 기본소득 목적세를 점진적으로 늘려나가면 국민기초생활 수급자 생계지원금 수준인 1인당 월 50만 원가량 지급이 가능해질 수 있습니다."

이는 이재명이 IT시대의 도래와 함께 미래의 정치 구도는 물론이거니와 그 영역과 패턴이 매우 달라지고 있음을 감지하고 있다는 것을 알 수 있게 해주는 대목이다.

기본소득제도는 국민 모두가 공평하게 세금을 낼 의무가 있는 것처럼, 국가로부터 지원금을 받을 때도 부자나 서민이나 관계없이 모든 국민이 같은 수준의 대우를 받는 것이 마땅하다는 평등주의를 함유하고 있다. 사회의 불평등 구조에 대한 개선이 필요하다는 것을 역설해주고 있는 대목이기도 하다.

한국이 산업화의 시동을 걸면서 지금까지 정책적으로 대기업이나 재벌들에게 밀어준 혜택은 사실상 국민 모두에게 돌아가야 할 몫을 그들에게 몰아준 것이나 다름없다. 국가 경제발전을 위해 부득이한 선택이었지만, 10%에 속하는 기득권층은 그들이 노력하고 잘해서 부를 축적했다고 믿고 있다. 90% 국민의 피땀 어린 노력은 돈의 위력과 권력의 뒤에 가려 보이지도 않는 실정이었다. 빈익빈 부익부의 경제 불평등 구조가 생긴 원인은 정경유착으로 인한 '그들만의 만찬'에 있다는 것을 아직도 기득권층에서는 잘 이해하지 못하고 있는 것이다. 이러한 그들의 경제윤리 불감증은 반성의 기미가 보이지 않는다. 우파 정치인들은 아직도 부자감세를 외치고, 큰 기업이 경영의 실패로 망해가면 국민의 혈세를 털어서라도 '공적자금'이란 명목으로 지원을 아끼지 않는다. 지금까지 공적자금 회수율은 대략 60%를 넘지 못하고 있는데, 부도 위기에 처했던 기업들 중 공적자금을 받아 제대로 위기극복을 위해 사용했는지에 대한 투명한 보고도 국민들은 들을 적이 없다. 항간에서는 공적자금을 사용하는 데 있어 이중장부로 처리해 당장의 기업 위기를 살리는 듯 액션을 취하면서, 다른 한편으로 빼돌린 자금을 부동산에 투자한 기업도 있다는 소문이 들릴 정도다. 이 정도면 기업이나 재벌들의 도덕 불감증은 중증 환자에 가깝다.

더구나 재벌들은 경제유통을 위하여 자신의 부를 일반 생활경제 시장에 내놓지 않는다. 세금 탈세를 위해 더욱 지하경제에 숨겨놓기에 바쁘다. 재벌들의 개인재산은 금융의 특성상 가만히 있어도 불어나는 이윤 창출 효과를 가지고 있다. 설혹 재벌들 중 경제활동을 할 수 없을 만큼 지병으로 누워 있는 사람이 있다 하더라도 이자 소득에 의하여 개인재산은 점점 불어난다. 거액의 자산인 만큼 그 액수는 '00000'으로 단위가 크게 늘어 은행계좌에 기록되는 숫자가 기하급수적으로 증가한다. 만약 그 돈이 사회생활에 필요한 실질 자금으로 풀리지 않는다면, 돈의 양화적 통화구조와는 아무런 관계가 없는 허수의 숫자에 불과할 뿐이다. 이러한 허수의 돈이 사회 통화의 양질문화로 정착된다면 한국경제에 또 다른 생산효과를 가져오는 좋은 기회가 될 수 있을 것이다.

아무튼 이제부터라도 기본소득을 국민 모두에게 공평하게 지급하는 동시에 부자감세를 부자증세로 돌려 형평성을 맞추어야만 사회의 불평등 구조가 조금이라도 해소될 수 있을 것이다. 그러나 만천하에 수입이 드러나는 '유리지갑'의 직장인들에 비하면 재벌들의 '금고지갑'이 열릴 가능성은 매우 희박하다.

지금까지 거론되는 대선 후보들 중 SNS 소통을 통해 집단지성의 합리적이고 미래지향적인 정책 방안을 제시하는 정치인은 이재명밖에 없다. 그의 예지력은 제4차 산업혁명 시대에 IT강국인 한국의 경제를 새로운 토대의 반석 위에 올려놓는 리더십을 충분히 발휘토록 할 것이라고 믿는다. 미래의 IT혁명은 재벌들의 꽁꽁 묶어둔 '금고지갑'도 자발적으로 열 수 있는 기술을 충분히 개발해 낼 수 있을 것이다.

창의교육이 미래 IT강국의 지름길

자유롭고 보편적이어야 할 생각이 간혹 '언어의 감옥'에 갇히게 되면 엉뚱한 결과를 낳게 되는 수가 있다. 생각이 언어의 의미망에 종속되어 우물 안 개구리처럼 동전만한 하늘밖에 보지 못하게 되는 경우다.

흔히 교육정책에서 말하는 '고교 평준화'는 바로 '평준화'라는 의미 때문에 본질이 왜곡되어 본래의 목적과는 다른 결과로 나타나고 있다. 교육의 평준화란 빈부와 관계없이 공평하게 교육의 기회를 주자는 목적에서 시작된 것이다. 민주주의의 기본 원칙은 평등주의인데, 기회의 평등을 교육에 접목시킨 것이 바로 '고교 평준화'다. 어찌 보면 '평준'보다는 '평등'의 의미가 더 강하다고 할 수 있겠는데, 이는 '기회의 평등'이 아닌 '실력의 평준'으로 여겨지면서 혼란이 온 것이다. 그 혼란은 결국 국제고 · 과학고 · 외고 · 자사고 등등 일정 수준의

파워풀 이재명

실력을 갖춘 학생만이 갈 수 있는 특수학교를 양산하는 결과를 낳고 말았다. 고교 평준화 정책이 실력의 하향평준화를 불러온다는 인식이 강해지면서, 학부모나 학생들이 학원으로 몰려들고 특수학교를 선망하면서 공교육은 일대 위기에 봉착하고 말았다.

이처럼 '고교 평준화'를 실시하기 이전의 명문고가 특수학교로 변해버렸으니, '평준화'는 이미 물 건너간 정책이 될 수밖에 없다. 그보다 더 심각한 문제는 빈익빈 부익부의 현상이 뚜렷해지면서, 여유 있는 사람들이 자녀들을 실력 있는 강사들이 있는 학원에 보내기 위해 유명 학원가들이 밀집한 강남으로 이주를 시작한 점이다. 강북의 학교들이 강남으로 이주하면서 새로운 명문으로 떠올랐고, 형편이 여의치 못해 이사를 못 가면 강남 학교에 입학을 시키기 위해 주소만이라도 옮겨놓는 불법 사례들이 늘어났다. 이와 같은 교육열은 강남 집값을 고공비행하게 만들었고, 그 기회를 노려 부동산 투기업자들이 몰려들어 고수익의 불로소득을 챙겼다.

이처럼 부모들의 이상할 정도로 과열된 교육열은 매우 부담이 큰 사교육비 문제까지 불러와, 요즘 젊은 부부들이 자녀 양육비를 걱정하다 보니 아예 아이를 낳지 않는 경우가 많아질 정도로 심각한 사회문제로 대두되고 말았다. 한국의 사교육비 지출은 매년 20조 원 가까이 된다. 이명박 정부 당시 4대강 개발 예산인 22조 원 정도에 버금가는데, 이는 매년 대단히 큰 규모의 수출을 위한 제품 공장을 설립하고도 남는 금액이다. 이러한 사교육비의 부담은 국민들의 생활에 적지 않은 영향을 미쳤고, 빈익빈 부익부 현상의 극대화로 사회 불평등 구조가 교육계에까지 큰 영향을 주는 결과를 낳았다. 심지어는 학부모들 사이에서 "자녀를 SKY에 보내는 것은 부모의 경제능력이다"라는 말이 나올 정도로 사교육에 대한 맹신이 확산일로에 있다.

이러한 사교육에 대한 맹신은 결국 공교육의 부실을 가져왔고, 심지어 학교에서 수업을 하면서 어떤 교사는 "이건 학원에서 다 배웠지?"하고 교과의 어느 한 과정을 건너뛰는 경우도 있고, 방과 후 학원에 가서 공부하면서 잠이 부족한 학생들이 학과 공부시간에 책상에 엎드려 자도 그냥 모른 척 내버려두는 사례까지 발생할 정도라는 것이다.

이렇게 변질된 공교육의 문제점은 한두 가지가 아니다. 교육부에서는 학교 공부의 쇄신을 위해 내신 성적을 대학입시에 적극 반영시키는 정책을 내놓았는데, 이 또한 많은 문제성을 내포하고 있다. 이는 우선 일등주의를 부추기는 원인이 되고 있으며, 한 개인이 전체 과목에서 모두 우수한 점수를 받아야만 하므로 특출한 분야에 소질이 있는 학생은 소외될 수밖에 없다. 어쩌면 모든 과목을 다 잘한다는 것은 역설적으로 모든 것을 못 하는 것과 다를 바가 없다. 창의적인 머리보다 객관식 문제를 푸는 공부법만 익혀, 원래 아이큐가 좋은 학생을 단순 사고의 소유자로 전락하게 할 가능성이 높기 때문이다.

공교육 현장에서 창의교육이 사라진 것은 매우 한탄스러운 일이다. 시험지 채점을 사람이 아닌 컴퓨터로 하기 위해 객관식 문제 유형이 일반화되었지만, 그것은 암기 위주의 공부에만 천착하게 만들어 창의력에 큰 도움이 안 되는 습관화된 생각에 젖게 할 가능성이 높다. 한창 자라나는 학생들이 생산적인 머리보다 요행수에 더 이끌리는 생활 방식을 갖게 될 경우 한국의 미래는 희망이 없다.

이재명은 자신의 저서 『오직 민주주의, 꼬리를 잡아 몸통을 흔들다』에서 한국의 교육정책에 대해 다음과 같이 개탄한 바 있다.

"나는 중·고등학교도 못 다닌 가난한 소년 노동자였지만 검정고시에 합격하고, 대학은 어찌어찌하여 장학금을 받아서 갔고, 사법시험에 합격하여 소위 신분 상승이라는 것을 했다. 그러나 지금은 이 모든 것이 불가능하다. 모든 기회가 봉쇄되었다. '개천에서 용 난다'라는 말은 사라지고, 개천은 말라서 지렁이도 살 수 없다. 큰 강만 있고 지류가 다 사라졌다. 이게 바로 양극화다. 양극화가 없애버린 건 기회요, 희망이다."

정치인이 되겠다고 결심하면서 이재명은 '기회가 공평한 세상'을 만드는 것을 정치의 가장 근본적인 가치로 삼았다. 즉 그는 "정치와 행정을 하는 것은 힘세고 많이 가진 사람들을 절제시키고, 힘없고 못 가진 다수한테 기회를 좀 더 부여하고 북돋아서, 함께 살아갈 수 있는 세상을 만드는 일"이라고 생각했던 것이다.

그래서 이재명이 성남시장 시절 특히 신경을 썼던 것은 교육복지 분야였다. 그로서는 절실한 정책이었다. 초등학교만 졸업하고 가난 때문에 공부의 꿈을 접고 열두 살 때부터 공장의 노동자로 일해야 했던 우울한 청소년 시절의 기억이 교육복지 정책을 실현하도록 강력하게 요구하고 있었던 것이다.

이재명이 교육복지 정책을 내세워 가장 먼저 실시한 것은 장난감 대여실과 아이들 놀이방 제공이었다. 어린 시절 그는 장난감도 모르고 자라났다. 그러나 요즘 어린이들은 장난감이 너무 흔해 처치 곤란인 부유한 가정도 많다. 웬만한 가정에선 장난감을 따로 둘 곳이 없어 멀쩡한 것도 예사로 버리곤 한다. 그러나 여전히 장난감 하나에 5~10만 원씩 하기 때문에 아이가 갖고 싶어 한다고 해서 다 사줄 수는 없는 노릇이다.

여기서 착안한 것이 장난감 대여실이었다. 이재명은 성남시청에 장난감 대여실을 만들어 한두 주일 쓰다 싫증이 나면 버리게 되는 장난감을 대여실에서 빌려다 쓰게 하였다. 시민들의 반응이 너무 좋아, 아이디어 하나로 대히트를 쳤다.

이재명은 장난감 대여실의 성공을 필두로 맞벌이를 하는 젊은 부부들이 아이를 안전하게 맡길 수 있는 어린이집 확보에도 심혈을 기울였다. 민간 어린이집 개선에도 힘써 보육교사 처우 개선을 위한 예산 확보는 물론, 마을도서관을 곳곳에 만들어 어린이들뿐만 아니라 어른들도 함께 독서할 수 있는 기회를 제공했다.

이러한 어린아이들을 위한 교육복지정책은 초·중·고등학교의 공교육 현장으로도 이어졌는데, 그것이 바로 창의교육 프로그램의 운영이었다. 성남시는 경기도 교육청과 업무 협약을 맺고 다음과 같은 창의교육을 공교육 현장에서 더불어 실시키로 하였다.

'첫째, 학급당 평균 35명을 25명으로 줄여 스몰 클래스로 변환시킨다.

둘째, 판교 보평초등학교와 같은 혁신학교 시스템을 성남 전역에 보급한다.

셋째, 초등학교 1학년에 수업보조교사를 지원하여 담임교사의 업무를 지원한다.

넷째, 학부모 학습 코칭 교실을 운영하여 가정교육의 질적 향상을 도모한다.

다섯째, 성남아트센터·잡월드·남한산성 등 성남시의 인프라를 활용해 체험 활동 프로그램을 활성화한다.

여섯째, 학교 내의 유휴 교실을 지역사회에 개방하여 주민들의 소통과 평생학습 장소로 활용한다.

일곱째, 성남시문화재단과 연계하여 문화예술 전문가를 학교에 파견, 학생들의 문화예술 체험 활동 기회를 제공한다.

여덟째, 성남시 자원봉사센터와 문화재단을 연계하여 교육 인재를 발굴하여 재능기부 수업에 활용한다.

아홉째, 행정보조교사 지원으로 교사들의 행정업무를 지원한다.

열째, 성남시 청소년수련원 프로그램과 학교 교육을 연계한다.'

2013년 제18대 대통령에 취임한 박근혜 정부도 '창의교육'을 국정과제로 내세운 바 있다. 그러나 성남시의회 예산결산특별위원회는 '성남시 창의교육사업' 예산을 130억 원 전액 삭감하는 결정을 내렸다. 당시 새누리당 전원이 반대표를 던져 6:5로 부결되었기 때문이다. 당이 다르다고 해서 시민을 위한 좋은 정책도 무조건 반대표를 던지는 관행이 그대로 재현된 것이다.

그러나 이재명은 여기에서 굴하지 않고 끝까지 밀고 나갔다. 그는 민선 5기 성남시장 마지막 임기를 맞은 2014년에 성남시에 소재한

147개 초·중·고등학교에 '성남형 교육지원사업'으로 172억 원을 집행, 창의교육을 실시토록 했던 것이다.

　　성남시의 창의교육은 기존의 획일화된 교육 체제의 단점을 강화하여 학생 개개인의 재능과 창의력을 살리기 위해 자기 주도의 배움 중심 교육을 지원하는 시스템이라고 할 수 있다. 학교별로 행복한 교실 만들기, 교사 학습 공동체 구축, 민주적 지역공동체 학교 만들기, 교육과정의 다양화·특성화 사업 등을 할 수 있도록 지자체에서 적극적으로 지원하는 제도다. 기존 공교육의 과정을 벗어나지 않는 범위 내에서 창의교육을 실시함으로써 공평하지 못한 교육 기회의 현실을 바꾸어주는 데 그 목적이 있다.

　　경기도지사가 된 이재명은 성남시장 시절의 정책 기조를 살려 도정의 정책에서도 지속적인 과제로 삼았다. 이러한 창의교육은 앞으로 미래를 열어가는 제4차 산업혁명의 기수가 될 IT강국의 인재를 길러내는 방향으로 정조준이 되어 있다.

　　한국이 40여 년간 추진해온 '교육 평준화'는 결국 젊은 인재들의 창의력 계발에 걸림돌로 작용하였다. 젊은이들의 약 80%가 대학생들인데, 그들이 졸업한 후 취업의 길이 없어 청년실업자를 양산하는 꼴이 되고 말았다. 이는 한국의 높은 교육열을 나타내는 징표가 되기도 하지만, 대학이 어찌 보면 좋은 직장에 들어가기 위한 간판 역할밖에 못 하고 있다는 비난을 면하기 어려운 실정이다. 모두가 명문대학을 졸업해 좋은 직장에 들어가고 싶지만, 현실적인 취업 여건은 열악하기 이를 데 없다. 그 나이 또래의 젊은이들 80%가 대학졸업자인 데비해, 그들이 갈 곳은 크게 많지 않기 때문이다. 대학졸업자가 전에 고등학교 졸업 수준이면 합격하던 9급 공무원(전에는 5급 공무원) 시험을 보려고 혈안이 되어 있고, 하다못해 학력과 무관하게 취직이 되던 환경미화원 시험을 보려고 대학을 졸업한 청년들이 줄을 서는 사태가 벌어지고 있는 실정이다. 전에 9급 공무원이나 은행 창구 말단 직원은 고등학교 졸업생들이 합격해 업무를 보던 자리다. 그 정도의 학력이면 누구나 볼 수 있는 업무를 이제는 대학졸업자 수준의 사원이 그 자리를 차지하고 있다. 이들은 적어도 4년의 시간을 손해 보고 있는 셈이다.

그런데 한국 사회에서는 대학졸업자를 우대해주는 인식이 여전히 뿌리 깊이 박혀 있다. 그러니 고등학교만 졸업하고도 갈 수 있는 직장에 군이 대학 졸업장을 따고 시험을 봐서 들어가는 역류 현상이 벌어지고 있는 것이다. 대학은 깊은 학문을 도야하는 연구를 목적으로 하는 곳이지 좋은 직장에 들어가기 위해 단순히 졸업장을 따러 가는 곳이 아니다.

2021년 5월 경기도청에서 열린 경기도와 중부지방고용노동청과의 고졸자 취업 지원을 위한 업무협약체결식에서, 이재명은 다음과 같은 세 가지 문제의식을 제기하였다.

'첫째, 왜 청년들을 실적대신 학력과 같은 형식에 따라 차별하는가?
둘째, 왜 대학에 입학한 청년과 달리, 고졸 청년에 대해서는 지원제도가 없는가?
셋째, 대학진학과 이를 포기하고 선택한 생애경험, 이 둘 가운데 어떤 것이 그 사람의 일생에 더 도움이 되겠는가?'

이재명은 똑같은 일을 한다면 학력에 따른 차별이 있어서는 안 된다고 강조하였다.

그러나 한국 사회는 실력보다 학력을 인정해주고 있다. 실질적으로 똑같은 일을 하는데 고졸과 대졸의 평균 임금에는 큰 차이가 있다. 고용노동부 기준에 따르면 고졸과 대졸 사원들의 임금은 평균 100만 원 이상 차이가 난다고 한다. 이런 상황이니 고등학교 졸업 후 취업전선에 나가기 위한 공부를 하는 특성화고 · 마이스터고 · 일반고 직업반 학생의 취업률은 27% 수준이고, 졸업자들 중 40% 이상이 대학진학을 선택하고 있는 것이다.

고등학교 졸업 후 취업한 젊은이가 4년이 지나면 대학 졸업 초봉보다 임금 수준이 높아야만 단순히 취업을 위해 대학에 가는 경우가 줄어들 것이다. 더구나 숙련된 기술을 요구하는 공장 같은 곳에서는 사무직보다 기술직을 우대해주어야만 자연스럽게 선후배 간에 기술이전이 이루어지고 더 발전된 기술 보유가 가능해지는데, 오늘날 현실을 보면 주로 외국인 근로자들이 그 자리를 차지하고 있다. 그들이 제각기 자기 나라로 돌아가고 나면 기초적인 분야의 기술이전을 해줄 인재들이 사라지는 위기에 처할 수도 있다.

학력에 따른 임금 격차는 초·중·고등교의 교육환경 왜곡과 입시 과열, 대학 서열화 같은 심각한 부작용을 낳고 있는 것이 한국의 현실이다. 이는 모두 국가의 부담을 가중시키는 요인이며, 대학졸업자의 청년실업 증가는 엄청난 사회적 손실을 가져오고 있다. 이재명은 독일의 강소기업을 예로 들면서 한국도 숙련 노동에 대한 존중과 충분한 보상체계가 있어야 고등학교 졸업자의 청년실업 문제를 해결할 수 있다고 강조한다.

이른바 '히든 챔피언'이라 일컫는 독일의 강소기업은 소재·부품·장비 등을 생산하는, 세계에서 경쟁력이 아주 강한 중소기업이다. 이들 강소기업은 글로벌 시장에서 대기업과 직접 경쟁하지 않고 틈새시장에 주력하여 시장을 확장해 나감으로써, 독일의 과세대상 매출액 가운데 약 35%를 차지하는 영향력을 갖고 있다. 사회보장을 받는 독일 피고용자의 약 60%가 '히든 챔피언'이라는 대명사로 통하는 중소기업에 근무하고 있다.

무엇보다도 '히든 챔피언'의 원동력은 우수 직원들의 기술력과 그들이 만들어내는 우수한 품질의 제품이다. 이들 중소기업들은 우수 직원을 확보하기 위해 교육 및 복지에 막대한 예산을 투입하고 있다. 독일에는 중·고등학교 과정인 김나지움이나 직업학교인 하우프트슐레 및 레알슐레가 있다. 대학 등록금이 무료인데도 독일은 김나지움의 대학 진학률이 30~40%밖에 안 된다. 직업학교의 경우 대부분 졸업 후 산업 현장에 투입된다.

독일 청년들이 대학에 진학하지 않고 고등학과 과정을 졸업한 후 취업의 길을 택하는 것은, 아카데믹한 교육을 받았거나 직업 훈련을 받은 기술자들의 대우가 거의 같은 수준이기 때문이다. 학위를 따지 않고 경력을 중요시하므로, 자격 요건을 갖춘 기술자들은 독일 사회에서 존경을 받게 되어 있다.

한국도 독일처럼 학력과 관계없이 기술력을 가진 엔지니어를 존중하는 사회가 된다면 대학입시 과열 현상을 어느 정도 해소시킬 수 있을 것이다. 이재명은 경기도청 상황실에서 중부지방고용노동청과 고졸자 취업 지원 기반 마련을 위한 업무협약체결식을 가진 후 브레인스토밍 자리에서 다음과 같은 의견을 제시하였다.

"대학생은 장학금 등 정부와 지자체로부터 각종 지원을 받고 있습니다. 그리고 각 대학은 이 같은 지원을 바탕으로 교육환경을 개선하고 장학금을 지급하며 해외 교환학생 프로그램 등을 가동합니다. 그러나 대학에 안 간 사람도 똑같은 청년이자 이 나라 국민인 만큼 지원이 필요합니다. 대학진학을 하지 않은 고졸자에게도 1천만 원씩 여행비를 주어 4년간 세계 일주를 하며 현장 경험을 하도록 하면 참 좋을 것 같습니다."

이재명은 그러면서 실제로 미국이나 유럽 여러 나라에서 고등학교 과정 졸업 후 곧바로 대학진학을 하지 않고 오지체험·세계여행·봉사·진로탐색 등의 현장 경험을 쌓는 갭이어(gab year)를 갖는 청년들이 많음을 강조하였다.

이러한 내용의 기사가 나가자 정치권에서 신랄한 비판이 쏟아졌다. 야당의 한 여성 국회의원은 이재명을 거론하며 "두 자녀는 왜 대학에 보냈느냐"며 말꼬리 잡기 공격을 가해왔다. 청년들의 본질적인 문제에 대한 이해는 도외시한 채 이러한 인신공격으로 일관하는 태도는 구태정치에서나 볼 수 있는 일인데, 초선 의원의 그런 발언은 여전히 한국 정치가 1970년대 수준에 머물러 있다는 증좌로 볼 수밖에 없다.

21세기 정보화시대, 제4차 산업혁명을 눈앞에 두고 한국의 교육 제도는 창의적 교육으로 전폭적인 개혁을 할 필요가 있다. 이재명은 미래의 청년교육을 위해서는 창의적인 교육 시스템을 갖추어야 한다는 것을 절감하고 있다. 다시 말하면 미래 한국의 IT강국을 이끌 청년 인재들을 양성하는 데 총력을 기울여야 한다는 목표를 향해 그의 예지력은 정조준되고 있는 것이다.

강대국들과 대등 외교를 펼치려면

역사는 물처럼 흐른다. 유유하게 평화의 들판을 가로질러 흐르다가도 때로 바위벼랑과 산을 만나면 몸을 뒤틀고, 폭풍우가 몰아치면 범람하여 생명의 들판을 쑥대밭으로 만들기도 한다. 그리고 세상이 조용해지면 언제 그랬냐는 듯 유유히 흐름을 지속해 들판에서 새로운 생명을 키우고, 강안 둔덕에 기름진 땅을 만들어 대자연의 오케스트라를 연주한다. 전쟁과 평화가 그러하다.

역사는 발전을 거듭하면서 전쟁과 평화의 반복되는 과정을 거친다. 불가사의한 것은 그러한 혼돈의 세계에서도 끈질기게 자연의 생명력이 유지되고 있다는 사실이다. 생명력의 힘은 그만큼 강하다. 지상에 어떤 큰 위기가 닥쳐와도 땅속에서 구근(球根)을 키워 물과 양분을 충분히 저장하고, 적정수준의 온화한 날씨가 되면 여지없이 새

파워풀 이재명

싹을 밀어 올리는 것이다.

이와 같은 생명력의 힘처럼 한국의 역사는 위대한 지속성장의 DNA를 구축해 왔다. 과거 역사를 되돌아보면 세계에서 우리 민족만큼 오랜 왕조체제를 유지했던 나라를 찾아보기 쉽지 않다. 너무 오래된 단군 시대는 차치하고라도 그 큰 줄기를 이어온 고구려와 백제의 역사가 700년, 신라가 1000년, 고려와 조선이 500년의 왕조를 유지해왔다.

한편 중국은 역사 이래로 한족이 나라를 세워 왕조를 유지한 기간이 채 200년 안팎이었다. 그 이외에는 이민족에게 왕조를 넘겨주어 다른 왕조가 역사를 이어왔던 것이다. 그래서 이민족의 역사까지 포함시켜 역사 기록을 하는 대표적인 나라가 중국이다. 일본의 경우는 섬나라이므로 외세의 침략을 받지 않아 비교적 순탄한 역사를 갖고 있지만, 오래도록 무사 집단이 군웅할거하며 힘겨루기를 하다 1500년대에 와서야 통일 정권을 세워 나라다운 기틀을 마련하였다.

우리 민족은 지정학적으로 중국과 일본 사이에 놓여 있어 시시때때로 침략을 받아왔지만, 그런 가운데도 오래된 왕조의 역사를 이어오는 끈질긴 생명력을 갖고 있다. 일제강점기에 36년간 식민지 지배를 받으면서도 그 생명력은 지속적으로 이어져 해방공간에서 새로운 시대를 열게 되었다. 그러나 세계열강들의 이전투구 속에서 우리 민족은 분단의 아픔을 겪어야 했고, 결국 열강들의 대리전이 되어버린 6 · 25 전쟁으로 인해 그 상처는 더욱 깊어졌다. 남북으로 분열된 우리 민족은 해방 이후 80년이 가까워지는 세월 동안 여전히 분단의 상처로 고통을 당해야만 했다.

한반도의 기상도는 여전히 강대국들의 먹구름 속에서 예측할 수 없는 이상기후의 날씨를 보여주고 있다. 미국 · 중국 · 러시아 · 일본에 둘러싸인 남북한은 일제강점기 이전과 다름없는 매우 위태로운 상태에 놓여 있는 것이다.

현재 미국의 정책 기조를 보면 1905년 '가쓰라-태프트 밀약' 시절과 비슷한 입장에 놓여 있다. 미일간의 밀약 이후 5년이 지난 1910년 8월 29일 경술국치로 우리 민족은 일제강점기 체제하에서 36년간 식민지 생활을 하는 치욕을 겪었다.

1905년 당시 일본 외무대신 가쓰라와 미국 육군장관 태프트는 비밀리에 조약을 맺었다. 즉 일본이 조선을 식민지화하는 것을 미국이 눈감아주는 대신, 미국이 필리핀을 식민지화하는 데 일본이 관여하지 않는다는 약속이 두 나라 간에 취해진 것이었다. 그러나 일본은 제2차 세계대전 당시 중국 대륙 공략은 물론 동남아시아로 진출하여 필리핀까지 차지하려고 했다. '가쓰라-태프트 밀약'을 일본이 위반한 것이었다. 그런데다 일본은 1941년 하와이의 진주만을 공격하면서 미국과 전면전을 치르는 사태로 발전하였고, 1945년 미국이 히로시마와 나가사키에 핵폭탄을 투하하면서 전쟁이 종식되었다.

이로 인하여 우리 민족은 1945년 8월 15일 광복을 맞았으나, 강대국이 한반도에 38선을 그어 남북으로 나뉘면서 분단국가가 되고 말았다. 이때 소련이 북한을, 미국이 남한을 점령해 신탁통치로 군정을 실시했다. 신탁통치가 끝나고 나서 소련은 북한에서 물러갔으나 미국은 남한에 그대로 남아 지금까지 미군을 주둔시켜 한국 정치에 깊숙이 관여하고 있다.

현재 미국은 중국과의 무역전쟁을 비롯하여 정치·군사적으로도 심각한 대립각을 세우고 있으므로, 100여 년 전 '가쓰라-태프트 밀약'을 할 때처럼 일본과 밀월 관계를 유지하고 있다. 이는 오늘날 중국이 경제개방 이후 G2로 급부상하면서 대만과의 재통일을 위한 적극적인 움직임을 보이는 것과 관련이 깊다. 중국은 대만을 둘러싼 긴장 고조의 원인이 미국에 있다고 생각하고 있는데, 이는 미국의 친대만 정책에 대한 불만의 표시다. 따라서 만약 중국이 대만을 재통일하기 위해 공격하게 될 때, 가장 먼저 폭격 대상이 되는 지역은 일본의 오키나와 미군기지와 가데나 공군기지일 가능성이 크다는 것이다. 이는 미국과 일본 정부의 밀착 관계를 더욱 공고히 해주는 요인으로 작용하고 있다. 더구나 일본은 중국과 센카쿠(다오위다오) 열도의 영토 문제를 현안으로 안고 있어 정책적으로 친미국 정서는 더욱 고조될 수밖에 없다.

이러한 비슷한 사정은 한국의 경우도 마찬가지다. 미군 평택기지와 성주의 사드기지를 두고 중국은 민감한 반응을 보이고 있다. 이들한국 내에 있는 미군기지들이 북한보다는 중국을 겨냥한 미국의 중요군사 전략의 요충지 역할을 한다는 사실을 중국은 너무도 잘 알고 있기 때문이다. 한때 사드기지로 인하여 한국은 중국과 무역 분쟁까지치르는 막대한 손해를 입기까지 했다.

그러나 뭐니 뭐니 해도 세계열강들이 최대의 관심을 보이고 있는것은 북한의 핵문제다. 한반도를 둘러싼 초미의 관심사는 북한의 비핵화 문제이지만, 이는 이미 물 건너간 뒤에 홍수 피해를 걱정하는 불필요한 논쟁에 불과할 뿐이다. 북한에서 핵을 보유하고 있는 것은 삼척동자가 다 아는 일이고, 아무리 세계열강이라 하더라도 있는 핵을없애라는 강요는 북미 대화로 풀 수 있는 한계를 넘어선 문제인 것이다. 핵 강국들은 1970년에 핵확산금지조약을 발효하여 비핵국가들이 핵을 만들지 못하도록 하고 있다. 그러나 이미 핵을 대량으로 보유한 강국들이 핵무기 감축에 뚜렷한 성과를 보이는 노력을 하지 않고비핵국가들에게 전면적으로 핵무기 개발 억제 정책을 쓰는 것은 설득력이 없다. 더구나 북한은 이미 핵무기를 보유한 것으로 인식되고 있

파워풀 이재명

는 입장에서 세계열강이 '북한 비핵화 논의'를 한들 허공에 대고 외치는 공허한 울림밖에 되지 못한다.

　미국의 전 정부인 도널드 트럼프 대통령 시절 북미대화는 세계 초미의 관심사였다. 그러나 두 차례의 정상회담 결과, 그것이 미국 국내 문제뿐만 아니라 전 세계를 향한 트럼프의 국제적인 쇼였음이 만천하에 드러났다. 미국은 북핵의 전면적인 중단을 요구했으나 북한은 단계적으로 핵시설을 줄여가면서 협상을 하려고 한 것부터 애초 정상회담의 선로(線路)는 이격돼 있었다. 세계 평화의 길로 가는 열차는 이격된 선로를 따라 달리다 베트남 하노이회담에서 급제동이 걸리고 말았다. 미국은 손 안 대고 코 푸는 어린애 장난 같은 전략으로 나왔고, 북한은 핵무기 개발 전면 중단에 따른 반대급부를 원했으나 양국의 목적이 크게 다르므로 정상회담은 결국 트럼프의 쇼맨십으로 끝날 수밖에 없었다.

　트럼프의 쇼맨십 정치는 한국의 미군 주둔비 문제에서도 극명하게 드러났다. 그는 2019년 주한 미군 주둔비용을 기존 수준에서 '5배 인상안'을 내세워, 이에 대한 한미 간 협상이 장기간 표류 상태에 놓이게 되었다. 장사꾼도 5배 이상 남겨 먹는 정도면 거의 도둑질에 가까운 행태가 아닐 수 없다. 적어도 국가 대 국가의 협상에서는 정도(正道)를 지킬 줄 알아야 한다. 결국 이 협상은 2년간 교착 상태에 빠져 있다가 미국의 다음 정부로 넘겨져 2021년 3월 조 바이든 대통령 취임 46일 만에 합의를 보았다. 그러나 이때의 합의 금액도 종전보다 13% 인상된 역대 최고 수준으로, 한국 정부로서는 큰 부담을 안을 수밖에 없게 되었다.

이처럼 미국이 주한 미군의 주둔비 문제를 가지고 강압적으로 나오는 것은 북핵과 깊은 연관이 있으며, 이는 결국 한반도를 둘러싼 강대국들과 한국 정부의 외교에 있어서 아킬레스건으로 작용하고 있다. 외교적으로 미국 측에서 강하게 나올수록 한국 측이 위축될 수밖에 없는 것은 해방 이후부터 첫 단추가 잘못 끼워졌기 때문이다. 태평양전쟁 때 미국의 승리로 종식되면서 패전국이 된 일본이 마땅히 짊어져야 할 것을 한반도가 억울하게도 두 동강으로 갈라지는 민족의 아픔으로 대신하여, 결국 해방 이후 지금까지 분단 문제는 주변 강대국들과의 외교 문제에서 큰 걸림돌로 작용하고 있다.

그러나 이제 한국은 주변 강대국들과의 외교협상에서 당당해질 필요가 있다. 당면한 과제인 미국과의 주한미군 주둔과 아울러 전작권 문제를 풀어나가는 데 있어서 70여 년 동안 저자세로 일관할 수밖에 없었던 것은 약소국의 설움이지만, 이제 세계 경제 10위권에 드는 한국의 위상으로 볼 때 한미관계의 외교 테이블에서 당당해질 필요가 있는 것이다.

지금까지 미국은 남북 분단을 베개로 삼아 누워서 떡 먹기로 용도 폐기 직전의 구식 무기를 비싼 가격에 한국에 팔아넘겼다. 2006년 정부가 방위사업청을 개청한 이후부터만 계산하더라도 한국의 미국산 군사 장비 구입액이 무려 40조 원을 넘는 액수였다. 미국의 입장에서는 한국이 세계 최고의 무기 수입국이므로, 주한미군 주둔비 이외에도 알짜배기의 수익을 거둬들이고 있는 입장이다. 그런데도 한국은 울며 겨자 먹기로 미국이 개발한 신무기도 아닌 구식이 된 무기들을 수입해야만 했다. 이러한 한미 간 무기거래의 흑막에는 방사청의 비리는 물론, 양국을 오가며 활동한 로비스트들의 농간 또한 간과할 수 없는 문제로 의심되는 부분이 많다.

역대 한국의 대통령 중에서 미국과의 외교 관계에서 당당한 태도로 나온 것은 제16대 대통령 노무현이다. 그는 대선 출마 때 "사진 찍으러 미국 가지 않겠다"라고 선언했을 정도로 미국 외교 문제에서 당당한 태도를 취했다. 대통령에 당선되고 나서 미국을 방문하기는 했지만, 그는 2003년 미국이 이라크에 한국의 전투병력 파병을 요청했을 때 고심 끝에 건설공병지원단과 국군의료지원단 등 비전투병을 파견하는 데 그쳤다. 당시 전투 병력을 요청했던 미국의 실망이 컸지만, 한미 역사 이래로 외교 테이블에서 당당하게 맞설 수 있었던 것은 초유의 일이었다.

노무현처럼 인권변호사 출신으로 대통령 후보에 나선 이재명은 2017년 1월 23일 한국 최초의 '노동자 출신 대통령'이 될 것을 천명하면서, 그날 발표한 출사표에서 다음과 같이 대미관계에 대한 자신의 입장을 밝혔다.

"국익 중심의 자주적 외교에 충실해야 합니다. 한미관계는 발전시키되, 과도한 미군 주둔비 증액 요구에는 축소 요구로 맞서고, 사드 배치는 철회시켜야 합니다. 전시작전통제권을 환수하고, 위안부 합의는 애초부터 무효이며, 한일 군사 정보 보호 협정을 종료시켜야 합니다."

이렇게 이재명은 역대 어느 대통령 후보들보다도 더욱 당당하면서도 확고한 외교적 입장을 견지하고 있다고 판단된다.

성남시장 재임 시절 이재명은 "사드 배치는 잘못이지만 어쩔 수 없다는 태도로는 위기를 극복할 수 없다"고 강조한 바 있다. 그는 당시 사드 배치 지역으로 지정돼 지역주민들의 거센 반발이 일어난 경상북도 성주를 방문한 자리에서, 사드는 절대 국익에 도움이 되지 않을뿐더러 미국과 일본·북한·러시아에 한반도 전략기지화 구실을 주는 악영향을 미칠 것으로 내다봤다. 더구나 사드와 관련한 중국과의 외교적 갈등으로 인해 그 불똥이 한국으로 튀어 통상무역에 큰 마찰이 빚어진 데 대하여 큰 우려를 표명했다.

이와 같이 이재명의 외교 문제에 대한 접근법은 확고한 국가관을 토대로 하여 나라의 평화는 물론 국민의 안전한 삶과 직결되어 있다. 특히 전시작전통제권 문제는 한미 외교 석상에서 언제나 아킬레스건으로 작용되는 불리한 조건이다. 6·25전쟁 발발 직후인 1950년 7월 당시 대통령 이승만은 한국군의 작전통제권을 유엔군 총사령관 더글러스 맥아더에게 이양했다. 이때부터 한국군은 미군 총사령관의 작전 명령에 따라 전쟁을 수행할 수밖에 없었다. 전시에는 그렇다 치고 휴전 이후에도 작전통제권은 미군에게 있었고, 1994년 12월에 전시가 아닌 평시의 작전통제권만 한국군 합동참모의장에게 이양되었다. 그러나 한반도에서 비상사태가 발생해 데프콘 3가 발령되면 작전통제권이 주한미군 사령관 겸 한미연합사령관에게 넘어가게 되어 있었다.

주권을 가진 국가에 전시작전통제권이 없다는 것은 주체적인 정권의 권한을 행사하는 데 걸림돌이 될 수밖에 없다. 따라서 한미 간 외교 문제가 거론될 때마다 약점으로 작용하여 언제나 당당한 외교전을 펼치지 못했다. 그래서 노무현 참여정부는 한미 외교 석상에서 전시작전통제권 환수를 요구했고, 미국은 2006년 한미 정상회담에서 그 권한을 한국군에게 넘기기로 합의했다. 하지만 2012년 4월까지 전시작전통제권을 넘기기로 한 당초의 합의는 이명박·박근혜 정부를 거치면서 사실상 무기한 연기되고 말았다.

노무현 참여정부의 대미 외교 전략은 이재명의 외교적 입장과 상통하는 점이 많다. 미국과 외교협상 테이블에서 한국은 좀 더 당당해질 필요가 있다. 주한미군 문제는 한국의 외교적 협상에서 매우 불리한 입장 같지만, 반대로 미국 입장에서 보면 역시 반대로 한국이 유리한 입장일 수도 있다. 생각하기 나름인 것이다. 미국은 평택기지나 성주 사드기지가 중국을 견제하기 위한 것이므로, 한국이 강하게 나올 경우 외교협상에서 불리해질 가능성이 크다. 미국은 중국을 견제하기 위해 일본 오카나와 미군기지와 가데나 공군기지만으로 만족할 수가 없다. 지리적으로 볼 때 한반도가 중국 대륙과 더 가까우므로 미국으로서는 한국 내의 미군기지를 절대 양보할 수 없는 입장이기 때문이다.

이러한 열강의 사정을 알고 있는 이재명은 미래를 내다보는 예지력으로 한국의 평화를 이끌어갈 강력한 리더십을 발휘하게 될 것이다. 지난 시대처럼 세계열강들에게 질질 끌려가서는 한반도의 평화를 모색하기가 쉽지 않다. 바야흐로 이제 한국도 세계열강들과 당당한 외교로 맞설 능력을 갖추었다고 볼 수 있다.

남북철도 연결로 세계물류 국가를 만들자

막힌 길은 뚫어야 한다. 남북 분단선의 상징인 휴전선은 우리 민족이 막아놓은 것이 아니라 세계열강들이 자국의 이기적 목적을 가지고 한반도의 허리를 잘라놓은 철의 전선이다. 남북으로 이어진 백두대간의 산맥을 끊고, 흐르는 물줄기를 막아 해방 이후 70여 년의 세월 동안 우리 민족을 신음하게 만들었다.

세계열강이 북핵 문제로 한반도를 주목하고 있지만, 그들은 조금도 반성의 기미를 보이지 않고 자국의 이득을 챙기기 위한 술수에만 머리를 싸매고 있다. 결과적으로 이 문제는 그들이 만든 숙제이면서 스스로도 풀기 어려운 난해한 삼각함수로 변해 있다. 그동안 한국 정부는 열강들과 함께 6자회담이니 5자회담이니 해서 북핵 문제의 가닥을 풀어보려고 했지만, 이해관계가 있는 각 나라마다 손익계산에만 골몰하다 보니 전혀 가능한 해법이 나오지 않고 있다.

우리 민족은 역사 이래 가장 부끄러운 시대에 살고 있다. 세계열강이 한반도에 눈독을 들이기 시작한 19세기 말부터 무려 100년이 넘는 오랜 세월 동안 외세에 고통을 당해오고 있으니, 엄밀하게 따지면 아직도 일제강점기의 수난에서 완벽하게 벗어나지 못하고 있는 셈이다. 그 고통의 원인부터 분석해야 하는데, 남북한 모두 그것을 주변 열강에게 떠넘기고 있다. 결자해지(結者解之)라는 말이 있지만, 한반도를 두 동강 낸 열강들은 그 매듭을 풀어줄 의사가 전혀 없다. 계속 매듭을 엮어 더욱 단단하게 얽어놓는 것이 그들의 전략이고, 그것이 자국의 이득을 가져온다고 열심히 계산기를 두드리고 있기 때문이다.

한반도를 둘러싼 열강들의 속내는 자국의 입장에서 볼 때 지극히 당연한 논리임을 냉정하게 인식할 필요가 있다. 남한은 미국을, 북한은 중국을 우방이라고 여기고 있지만, 그들은 엄밀한 의미에서 우방이 아니다. 우방인 척하면서 자국의 이득을 위해 단지 협조하는 태도를 견지하고 있을 뿐이다.

그런데도 우리 민족은 남북으로 갈라져 서로 각을 세우고 있다. '와각지쟁(蝸角之爭)'이라는 사자성어를 통해 그 모습을 연상한다. 달팽이 뿔끼리 싸우는 꼴을 보고 있으려면 참으로 한심스럽기 짝이 없을 노릇이다. 두 개로 갈라져 싸우는 달팽이 뿔은 남북한이고, 그 위에서 싸움을 붙여놓고 관전하는 쪽은 한반도와 이해관계를 가진 열강들이다.

분단 이후 남북관계를 보면 그러한 와각지쟁의 모습이 세계적으로 볼 때 얼마나 한심한 꼴로 인식되고 있는지 우리 스스로 부끄러워하면서 되돌아볼 필요가 있다. 세계 여러 나라들은 한반도를 준 전쟁 국가로 인식하고 있다. 한국 정부는 늘 남북의 긴장 완화를 부르짖고 있지만, 이해관계가 있는 열강들은 오히려 긴장을 부추겨 팽팽한 줄다리기를 하도록 만들고 있다. 한반도를 둘러싼 열강들의 이해관계가 매우 복잡하게 얽혀 있으므로, 그들은 자국의 이득이 전제되지 않는 한 남북의 긴장 관계를 해소시켜줄 여건 조성을 등한시할 수밖에 없다. 만약 한반도를 둘러싼 열강들 모두에게 이득이 공평하게 돌아간다면 남북 분단의 매듭은 저절로 풀릴 수 있을 것이다. 그러나 그런 공평하게 평화로운 세상을 기대하기란 바늘구멍만큼도 기대하기 어렵다.

더구나 한심스러운 것은 남북 당국자들의 의식구조다. 달팽이 뿔 위에서의 싸움은 한반도와 이해관계를 가진 열강들이 시켜놓은 것인데, 남북은 그들의 즐거운 관전을 위해 서로 적대적 관계가 되어 긴장된 심리전을 펼치고 있을 뿐이다. 세계에서 유일한 분단국이 된 남북은 그동안 그들의 흥미를 충족시키기 위한 뉴스거리만 제공했던 것이다. 오래도록 분쟁이 끊이지 않는 중동이나 최근 쿠데타로 도마 위에

오른 미얀마 사태를 보는 것과 마찬가지로, 한반도의 긴장국면 뉴스를 보는 세계 나라의 관심도가 각기 다르나 그저 화젯거리에 불과한 것이다.

1945년 해방과 함께 남북이 분단되고, 그로부터 5년 후인 1950년 6 · 25전쟁이 발발한 이후 남북의 긴장 관계는 오래도록 지속되어 왔다. 이는 군부세력이 장기집권을 하면서 남북 간의 대화보다는 긴장국면을 체제 유지의 방편으로 악용한 면도 없지 않아 있다. 1972년 '7 · 4남북공동성명', 1991년 '남북 사이의 화해와 불가침 및 교류 협력에 관한 합의서' 등 남북관계 화해무드가 조성되는 듯했지만, 그 이후 뚜렷하게 발전 가능성을 보여준 흔적은 크게 없었다.

남북관계가 본격적으로 대화 분위기를 탄 것은 군부세력의 뿌리가 잘린 후 김대중 정부 때 이른바 '햇볕정책'을 쓰면서부터였다. 1998년 한국은 IMF 구제금융 사태로 경제위기에 봉착해 있던 시기였지만, 그해 6월과 10월 두 차례에 걸쳐 현대그룹 창업자 정주영이 1001마리의 소를 몰고 판문점을 통과해 북한을 방문한 이른바 '소떼 방북'은 세계 최고의 화제 뉴스가 되었다. 한반도와 이해관계가 있는 열강의 도움이 아닌 남북한의 자주적인 대화 분위기로 성숙된 세기의 대 이벤트였던 것이다.

당시 현대그룹으로서는 오일달러를 벌어들이던 중동특수가 끝나면서 SOC 사업의 새로운 시장으로 떠올린 지역이 바로 북한이었다. 북한 시장만 뚫리면 한국 건설업체들이 건설장비와 기술력을 제공하고, 북한의 노동력을 활용하고, 세계 거대자본을 끌어들여 한반도를 하나의 경제특구로 만든다는 장기적인 계획을 갖고 추진한 전초적인 전략이 바로 '소떼 방북'이었던 것이다. 사실상 이로 인하여 북한은 금강산 관광을 허가하였고, 이러한 분위기를 타고 2000년 6월 분단 이후 최초로 남북정상회담이 개최되어 개성공단 건립에 착수하는 성과를 거두었다. 공식적으로 전쟁 이후 남북한 관광객과 인력이 해로와 육로를 통해 분단의 벽을 넘을 수 있게 된 것이었다.

그러나 2008년 금강산 관광객 피살 사건으로 인하여 당시 이명박 정부는 '금강산 관광 전면 중단'을 선언하면서 남북관계가 화해 무드에서 다시 긴장 관계로 전환되었다. 또한 2016년 박근혜 정부는 북핵 문제와 관련하여 개성공단에서 북한으로 들어간 소득이 핵무기 개발에 사용되고 있다는 이유를 들어 전면적인 폐쇄조치를 단행하였다. 이처럼 김대중 · 노무현 정부 10년이 남북 화해 무드 조성에 공력을 들인 성과를 무시한 채 이명박 · 박근혜 정부 10년은 다시 옛날 군부정권 시대처럼 긴장 관계를 조장하는 정책으로 일관하여 국론을 분열시킨 것은 물론 분단의 상처만 더욱 악화시켰다.

2017년에 들어선 문재인 정부는 김대중 · 노무현 정부의 햇볕정책을 복원하는 정책을 펼쳐, 2018년 두 차례에 걸친 남북정상회담으로 남북화해 무드가 다시 조성되는 분위기였다. 그러나 2019년 베트남 하노이에서 열린 북미정상회담이 트럼프의 쇼맨십 해프닝으로 끝나면서 남북 기류 또한 다시 긴장 관계로 악화되었다.

미국이 이처럼 북핵 문제를 이유로 남북의 화해 무드 조성에 방해 공작을 놓는 것은, 남북화해가 자국의 이득에 전혀 보탬이 안 되기 때문이다. 한국과 북한이 우방으로 여기는 미국이나 중국은 한반도의 통일을 원하지 않는다. 이는 일본이나 러시아 역시 마찬가지다. 남북한의 긴장을 더욱 조장하여 전쟁 국면으로 이행시켜야만 그들에게 이득이 돌아오기 때문이다.

그러나 한반도에서 더 이상 전쟁이 일어나서는 안 된다. 우리 민족은 이미 일제강점기 때부터 한반도를 전쟁터로 내주어 대리전을 치러 왔다. 청일전쟁과 러일전쟁이 그러했고, 해방 이후 6·25전쟁이 남북보다는 미국과 중국의 전쟁으로 변질되어 한반도가 또다시 대리전을 치르면서 초토화되는 악순환을 되풀이했다. 최근 100여 년을 지나오는 동안 우리 민족은 대리전을 치르면서 일본을 어마어마한 경제 강국으로 만들어주었다.

만약 다시 한반도에서 전쟁이 일어난다면 우리 민족은 말살의 위기를 맞을지도 모른다. 나라 자체가 없어지게 되면 민족의 정체성도 사라지게 되기 때문이다. 극우파들 중에는 북한 정권이 무너질 경우 남한이 북한 땅까지 차지해 통일이 될 것이라고 단순하게 생각하는 사람들이 있다. 이는 엄청난 착각을 하고 있는 것이다.

만약 북한 정권이 무너진다면 중국이 그 땅을 차지하려고 들 것이다. 그렇게 되면 미국이 가만히 있지 않을 것이다. 미국과 중국의 전쟁이 다시 이 한반도에서 벌어지는 형국이 될 것은 불을 보듯 뻔한 노릇이다. 중국이 동북공정을 내세우며 고구려를 수당 때의 지방 정권이라고 역사 왜곡을 하고 있는 이유도 갑자기 북한 정권이 무너지거나, 그로 인하여 한반도에서 전쟁이 벌어질 경우 중국은 옛날 자국의 땅을 되찾겠다는 명분론을 내세우려고 들기 위해서인 것이다.

따라서 다시 한반도가 외세에 의해 전쟁터로 변하지 않게 하기 위해서는 북한이 경제적으로 부강해져, 남북이 서로 경제협력을 통해 가까워지는 길밖에 없다. 북핵 문제로 미국은 북한의 경제가 일어나는 것을 막기 위해 유엔안전보장이사회를 통해 경제제재 조치를 더욱 강화해 나가고 있다. 북한에 외화가 들어가는 것을 막기 위해 전면적으로 무역 봉쇄를 해놓고 있는 실정이다. 그러나 이제 우리 민족은 미국이나 중국의 입김에 놀아나서는 안 된다. 자체적으로 남북문제를 해결하여 민족통일을 앞당겨야만 한다.

2021년 5월 21일 경기도지사 이재명은 고양시 킨텍스에서 열린

'2021년 DMZ(비무장지대) 포럼' 기조연설에서 '한반도 평화경제 시대'를 앞당겨야 한다고 강조했다.

"한반도 평화경제 건설은 남북 모두에게 평화와 일자리, 경제적 기회를 제공하는 상생의 정책입니다. 현실에서 많은 난관이 있더라도 반드시 가야 할 길입니다."

이재명은 그러면서 남북대화 복원과 개성공단 등 교류 협력 재개, 코로나19 조기종식을 위한 방역과 보건의료 협력, 이산가족 및 남북 간 철도와 도로 연결 문제 해결 등을 시급한 우리 민족의 과제라고 밝혔다. 그는 또한 대북 전단 살포에 대해서도 따끔한 일침을 놓았다.

"대북 전단 살포는 접경지역의 군사적 긴장을 유발하고 국민의 생명과 안전을 위협하며 평화를 훼손하는 범죄행위입니다. 따라서 더 많은 자유와 인권을 위해 자유와 인권을 위협할 자유는 억제돼야 합니다. 지난 1월 경기도는 한반도 접경지역의 특수성을 이해하지 못하는 미국의회를 비롯한 국제사회에 호소하는 서한을 보냈습니다."

이재명이 앞에서 말한 '더 많은 자유와 인권'은 동질성을 가진 우리 민족 전체를 지칭하는 것이고, 뒤에 말한 '자유와 인권을 위협할 자유'는 북한의 인권과 자유를 위해 대북 전단을 살포한다는 탈북민단체를 가리키는 말이다.

대표적인 대북 전단 살포 탈북민단체인 '자유운동연합'(대표 박상학)은 미국의 극우 세력 및 개신교 극우 단체에서 자금을 받는 것으로 알려져 있다. 대북 전단 살포용 풍선 1개당 150만 원씩 받는데, 원가 타산을 해보면 작은 풍선은 8만 원, 큰 풍선은 12만 원이므로 무려 10배가량의 이득을 남기는 셈이다. 이들의 후원자 명단에는 미국 인권단체 대표인 소르 핼버슨, 미국 북한자유연합의 슈잔 솔티, 미국 한인협회, 일부 기독교단체, 보수단체 등의 이름이 거론되고 있다.

특히 이재명은 개성공단의 재개를 강조하였다.

"개성공단은 남과 북이 대결을 넘어 경제협력을 한다면 서로 간의 어떤 이익이 가능한지를 보여주는 성공의 실험실이었습니다. 안타깝게도 개성공단은 불법으로 전격 중단됐고, 합리적인 대국민 설명도 없이 교류협력법에 대한 어떠한 절차도 지켜지지 않았습니다. 개성공단 재개와 남북철도 및 도로 연결, 인도적 협력을 비롯한 남북 합의 이행을 위해서 유엔안보리가 포괄적·상시적 제재 면제를 허용하도록 관련국들의 대안 설득에 적극 나서야 할 것입니다."

문재인 정부는 집권 초기부터 개성공단 재개와 남북 간 철도 연결을 목표로 북한과 협상을 해왔다. 그러나 2019년 베트남 하노이에서 북미회담이 해프닝으로 끝나면서 남북대화 또한 단절되어 남북 간의 경제협력 구상이 전면 중단되고 말았다. 그러나 그 이후에도 남한은 경원선의 연결을 위해 남쪽의 철로를 복원하는 의지를 보여주기도 했다.

남북의 철도 연결은 분단으로 허리가 잘린 한반도를 잇는 매우 상징적인 의미를 가지고 있으며, 반드시 개통시켜야 할 숙명적인 과제이다. 만약 남북 철도만 연결된다면 한반도는 물류 대국으로 거듭나면서 눈부신 경제도약을 할 수 있게 되기 때문이다. 태평양 연안국들에게는 남한과 북한의 항구로 물류를 싣고 와서 철도를 통해 유럽 국가들과 무역을 할 수 있는 길이 열린다. 바닷길을 통해 배로 컨테이너를 실어 나르는 것보다 철도를 이용하면 절반 이상의 물류비가 절약되기 때문에, 한반도의 항구는 대단위 물류단지로 변하게 될 것이다. 남북한 모두 물류단지에 외국의 컨테이너가 적재되면 거기에 따른 비용을 받을 수 있고, 철도 이용시 통행료 수익도 생기므로 물류 혁명을 통한 경제부흥이 가능해진다.

중국은 한창 신실크로드 전략인 '일대일로(一帶一路)'를 추진하고 있다. 이는 중앙아시아와 유럽을 잇는 육상 실크로드(一帶)와 동남아시아와 유럽 및 아프리카를 연결하는 해상 실크로드(一路)를 의미한다. 세계물류의 상권을 중국이 선점하겠다는 전략이다. 남북한이 한반도의 철도를 연결하여 아시아와 유럽을 연결하는 육로 물류 노선을 시급하게 개척해야 하는 이유가 바로 거기에 있다. 자칫하다가는 중국에게 육로 물류의 상권까지 모조리 넘겨줄 우려가 있는 것이다.

미래의 한국 대통령은 이러한 대북현안을 해결할 수 있는 능력을 보유하고 있어야 한다. 이재명은 남북한의 경제발전과 통일을 둘이 아닌 하나의 전략으로 생각하는 미래에 대한 예지력을 가지고 있다. 남북한 경제발전이 되면 자연적으로 인적 교류가 이루어지고 문화적 정체성을 되살리면서 통일 또한 가까워지게 되기 때문이다.

그러나 남북한 문제는 한반도와 이해관계를 가진 열강들이 자국의 입장에서만 정책을 펴고 편벽된 논리를 주장할 것이므로, 한국의 미래를 짊어지고 갈 대통령은 강력한 리더십과 결단력이 있어야만 한다. 때론 열강들의 정책이나 주장을 무시하고 자주적 외교를 할 수 있는 능력의 소유자여야만 가능하기 때문이다. 현재 거론되고 있는 대권 주자들의 면모를 보면, 그 해답은 바로 나온다. 바로 지금이 한국에서 이재명의 강력한 리더십이 요구되는 시점이다.

대한민국의 미래를 열어갈 대통령의 조건

2020년대의 대한민국 기상도를 예측하기란 쉽지 않다. 여름 하늘에 한랭전선과 온난전선이 곳곳에 포진하고 있어 날씨가 변화무쌍한 것처럼, 다양한 변수들이 국내외 전반에 걸쳐 상존하고 있기 때문이다. 앞으로 대한민국의 미래를 이끌어갈 대통령에게 막중한 책임이 지워지는 것은 바로 그러한 돌출변수들에 대해 어떤 대안을 갖고 준비하고, 대처하고, 지혜롭게 해결해 나가느냐에 국가의 운명이 달려 있기 때문이다. 빠른 판단력과 순발력, 집중력과 추진력, 그리고 끝내 성공하고야 말겠다는 의지의 인내력과 성취력이 요구되는 시점이다.

현재의 가장 큰 변수 중 하나는 코로나19 팬데믹으로 인한 세계 경제의 불투명성이다. 그로 인한 국내 경제의 위축을 푸는 문제는 심각한 행정의 난맥상을 연출하고 있다. 기본소득 문제 하나를 놓고도 여야의 의견이 상충하고, 같은 정당 내에서도 왈가왈부하며 통일성을 찾지 못하고 있는 실정이다.

당면한 과제 중 가장 큰 것은 경제문제다. 대한민국은 오래도록 저성장 기조에서 벗어나지 못하고 있다. 2000년대로 들어서면서 세계 경제의 돌출변수가 '사람의 머릿수'로 모아졌는데, 즉 기술력도 중요하지만 노동력이 점차 미래의 경제력을 주도해 나갈 것이라는 진단이다. 오늘날 인구가 많은 중국이나 인도가 높은 경제성장률을 기록하고 있는 것은 인건비가 싼 양질의 노동력을 많이 확보하고 있기 때문이다. 세계 유수의 기업들이 중국과 인도에 공장을 짓는 것도 노동력 확보를 위한 고육지책이다. 인터넷이 발달하면서 공유된 정보를 전세계 모든 사람들이 언제 어디서나 동시에 접할 수 있는 시대가 되었다. 이러한 정보 공유는 산업기술의 노하우에도 크게 영향을 미쳐 기술 공유가 더욱 빨라지는 효과를 가져왔고, 이제 기술은 어느 나라나 노력만 기울이면 같은 산업분야에서 짧은 시간에 따라잡을 수 있을 정도로 기술력에 있어서 큰 발달을 가져왔다. 문제는 노동력인데, 일찍이 경제선진국이 된 나라들일수록 인구감소로 일할 사람이 부족하다.

대한민국 역시 세계 10위권의 경제 강국으로 발돋움하면서 고급 기술을 확보하고 있으나 노동력 부족으로 대기업들이 해외 진출에 나선 지 벌써 오래다. 그럼에도 불구하고 국내적으로 중요한 현안 문제로 떠오른 청년실업은 풀기 어려운 숙제로 남아 있다. 공장이나 농촌의 노동력 부족을 외국인 노동자들이 채우고 있는 반면, 청년실업은 갈수록 해법을 찾기가 어려울 정도로 심각해져 큰 우려를 낳고 있다. 이러한 청년실업 문제는 교육정책과도 깊은 관련이 있으므로 행정적으로 단기간에 해결될 수 없다는 데 문제의 심각성이 있다.

곧 제4차 산업혁명의 시대가 도래하게 된다. 컴퓨터가 사람의 일을 대신하는 AI(인공지능) 시대에 대한 기대와 함께 우려 또한 크다. 미래의 대통령은 점점 더 취업전선이 열악한 구조로 바뀌어 가는 이 시점에 청년실업 문제를 푸는 지혜로운 해법을 내놓을 수 있어야 한다. 제4대 산업혁명에 대비한 IT시대의 문화 고속도로를 만들어 청년들이 '창의력'이라는 자동차를 몰고 달릴 수 있는 하이웨이를 건설하는 것도 미래 비전으로 큰 효과가 있을 듯싶다. 이명박 정부의 4대강 개발이 아닌, IT강국으로 가는 미래를 위해서는 이러한 전략이 필요하다.

최소한 내수 경기가 원활하게 돌아가기 위해서는 인구 1억 명 정도는 돼야 수요를 창출하는 '규모의 경제'를 갖출 수 있다고 한다. 그런데 대한민국은 점점 인구감소가 심각한 문제로 대두되어 경제발전에도 큰 부담을 안겨주고 있다. 한때 가족계획을 세워 '아들딸 둘만 낳아 잘 기르자'라는 표어가 인구에 회자되던 때도 있었다. 6·25 전쟁으로 많은 인명이 희생된 후 사람들 사이에 인구부족의 불안심리가

　　　　　　　　　　　　　　　　　　　　　　　파워풀 이재명

작용해 한 가정에서 5~6명의 자녀를 두는 것을 보통으로 알던 때에, 좁은 땅덩어리에서 인구밀도가 높다고 하면서 인구정책으로 밀어붙인 것이 가족계획이었다. 그런데 이제는 젊은 부부들이 아이를 하나만 갖거나 아예 낳지 않고 살겠다고 해서 문제가 심각해지고 있다. 갈수록 노령인구는 늘어나는데 경제력을 가진 청년인구가 줄어드는 결과를 가져오게 되기 때문이다.

이처럼 대한민국에서 인구부족 현상이 점점 심각해지는 주요 원인은 자녀들의 양육비와 사교육비 비중이 너무 크다는 데 있다. 특히 사교육비가 젊은 부부들에게는 큰 경제 부담으로 작용해 아이를 낳지 않는 풍조까지 생기고 있는 것이다. 이와 더불어 노령인구가 늘어나는 것도 문제다. 명예퇴직 등으로 정년은 앞당겨지고, 정년 이후 아직 한창 일할 나이인데도 일자리 구하기가 쉽지 않다. 의학의 발달로 수명은 점점 길어져, 정년 이후에 적어도 30년은 더 살아야 한다. 늘어나는 노령인구의 대책 또한 중요한 과제이다.

청년실업 및 인구부족 문제와 더불어 심각하게 생각해야 할 현안이 교육문제인데, 이 역시 해법을 찾기가 쉽지 않다. 의무교육에서부터 복잡한 대학입시 제도의 개혁까지 전체적으로 교육 시스템을 바꿀 필요가 있다. 세계 1등 국가임을 자랑하는 미국에서도 자기 이름을 제대로 쓰지 못하는 사람이 많다는데, 전 대통령 오바마가 여러 번 거론

할 정도로 대한민국은 교육열이 유난히 높아 무학력자가 거의 제로 상태다. 청년들의 경우 같은 나이 또래들 중 거의 80%가 대학생 또는 대졸 이상일 정도로 고학력자들이 많다. 그러나 그들이 취업할 화이트칼라 일자리는 적은 반면, 블루칼라 일자리는 노동력이 부족해 외국인 노동자들이 취업을 하고 있으니, 비효율적인 취업구조다. 대대적인 교육개혁이 이루어지지 않으면 이러한 현안 문제들을 풀기가 쉽지 않다.

제4차 산업혁명 시대에는 대학입시 문제도 바뀌어야만 한다. 대학생이 되기 이전에 초·중·고등학교 과정에서 창의력 교육을 철저하게 시켜야 아이디어 창출에 자양분이 되는 두뇌를 가진 인재들을 길러낼 수 있다. 컴퓨터로 채점하는 객관식 문제 위주의 대학입시는 지양해야 할 때다. 단답형이나 객관식 문제는 학생들을 요령꾼으로 만들고 암기 위주의 공부를 하게 함으로써 창의력 두뇌 발달에 크게 도움이 되지 않는다. 대학입시 전형방법도 너무 복잡하고, 요행수를 노리는 경향이 일반화되면서 수험생이나 학부모들이 대학입시 전문강사들을 찾아가 상담을 해야만 할 정도로 입시제도가 비정상으로 변질되었다. 학생들이 원하는 대학을 선택하는 것이 아니라 일단 수능 점수에 맞는 대학에 들어가고 보자는 쪽으로 기울어지면서 재능과는 전혀 무관한 분야의 전공 공부를 하게 되는 경우도 적지 않다.

대한민국의 부동산 대책, 대체 어찌하면 좋을지 합리적인 방법을

파워풀 이재명

도출해내기 쉽지 않다. 서울에서 아파트값이 너무 올라 이제 청년들의 내 집 마련 기회는 거의 물 건너갔다고 보아야 한다. 청년들에게 희망을 줄 수 있는 바람직한 주택 정책, 부동산 투기가 배제된 정상적인 거래의 원칙이 어떻게 지켜질 것인가에 대한 깊이 있는 연구가 절실한 시점이다.

농촌에는 일손이 부족해 해외 노동자들이 없으면 농사를 지을 수 없는 실정이다. 더구나 노인들만 농촌을 지키고 있어 앞으로 누가 농사를 지어야 할지 대책이 서질 않는다. 농협 등에서 농사회사를 차려 완전히 기계농으로 전환하는 방법도 있겠으나, 아무튼 농촌에 젊은 인력이 없다는 것은 큰 문제가 아닐 수 없다. '농자천하지대본(農者天下之大本)'이란 말이 있듯이, 아무리 경제성장에는 공업화가 대세라 하더라도 먹고사는 일만큼 중요한 것은 없다. 인간이 기본적으로 생명을 유지하는 먹을거리와 농촌 문제의 해결방안은 지금 다시 생각해야 할 미래 과제라고 본다.

자본주의 사회의 맹점이지만, 빈익빈 부익부 현상은 날로 심각해지고 있다. 부(富)의 불평등 요인을 어떻게 정책적으로 줄여나갈 수 있는지 장기적인 안목에서 집중적으로 연구를 해야만 한다. 대한민국에서 부의 쏠림 현상은 특히 심각해, 기득권 10%가 축적한 재산이 전체의 60%에 달한다. IMF 구제금융 사태 이후 중산층들의 재산까지 기득권층으로 넘어가 이제 서민층은 90%에 육박한다. 문제는 부유층에게 세금을 줄여주는 도무지 이해할 수 없는 정책에 있다. 일반 서민들과 유리 지갑의 직장인들에게 꼬박꼬박 세금을 걷는 데 반해, 기득권층에게는 조세의 공평성에서 어긋나는 '부자감세'를 내세운다. 경기 활성화를 위해서라는 '부자감세'의 논리는 현실적으로 맞지 않다. 부자들의 세금을 줄여주면 그들이 해외로 자본을 빼돌리지 않고 시장에 활력을 불어넣어주는 자금으로 융통할 것이라고 이야기하지만, 그 가설이 실제 내수시장에서 제대로 효과를 보는지 큰 의문이다. 더구나 재벌들은 기업체를 운영하면서 비자금을 형성해 알게 모르게 권력자들의 정치자금으로 풀고 있다. 이것이 '정경유착'의 고리인데, 대한민국 정부 탄생 이래 이러한 적폐가 사라지지 않고 있다. 재벌이나 권력층이나, 그들 모두 기득권층을 형성해 부를 축적하는 구조가 바로 '정경유착'에서 비롯된 것이다. 미래의 대통령은 정경유착의 고리를 끊는 과감한 정책적 단안을 내려야만 한다. 그 고리를 끊지 않고는 투명한 경제가 불가능하며, 재벌들의 '경제윤리' 또한 기대하기 어렵기 때문이다.

주한미군과 전시작전통제권 등 한반도 정세와 관련한 군사 문제도 미래 대통령의 등에 얹혀 있는 무거운 짐이다. 해방 이후 70여 년의 세월 동안 대한민국은 그 무거운 짐을 등에 지고 낑낑거리며 오늘날까지 그야말로 격동의 세월을 견뎌왔다. 언제까지 미국의 힘에 의

존해 국방 문제의 주권 행사에서 뒷짐만 지고 있을 것인가? 만약 후세의 역사가들이 지금의 대한민국을 진단한다면 참으로 부끄럽고 한심한 꼴이라고 혀를 끌끌 찰 것이다. 세계 10위권의 경제대국인 대한민국이 미국의 군사력에 의존해 자주국방을 못한다면 체면이 서지 않는다. 국가 경제력도 이젠 선진국 대열에 들어서면서 군사비 지출 역시 세계 10위권에 들 정도다. 대한민국의 국방비 지출은 GDP 대비 2.7% 수준으로 연간 350~400억 달러에 이르고 있다. 이 정도의 국방비라면 충분히 자주국방이 가능하며, 미국의 힘에 의존할 하등의 이유가 없다. 따라서 먼저 전시작전통제권부터 가져와야 하고, 미국의 전 대통령 트럼프가 주한미군 주둔비용을 5배로 인상해 받겠다고 엄포를 주었던 일이 다시는 발생하지 않도록 좀 더 강력하게 대미 군사협상을 주도해 나가야 한다. 오히려 이제는 미국으로부터 주한미군 주둔에 대한 비용을 받아내야 마땅하다. 왜냐하면 미국은 북한보다 중국을 견제하기 위해 미군 주둔기지의 장기화를 모색하고 있기 때문이다. 중국과 가까운 평택에 주한미군기지를 건설한 것과 사드기지가 바로 그 확실한 증거다. 따라서 대한민국은 미국과의 군사협상 자리에서 기지 제공에 대한 비용을 요구할 당당한 권리가 있다고 본다. 주한미군 범죄에 대한 SOFA 협상 문제도 대한민국 법정에서 재판권을 행사할 수 있도록 하는 것이, 국민의 인권과 생명을 보존하는 입장에서 당당한 권리주장이라고 판단된다.

　남북한 비핵화와 관련하여 한반도 평화 유지를 위한 전략적 차원의 정책 대안도 필요한 시점이다. 한반도를 둘러싼 세계열강들과의 외교 문제와 관련하여 이제는 당사국인 남북한이 주도적인 입장에서 해결의 실마리를 찾아갈 필요가 있다. 남북분단은 한반도를 둘러싼 세계열강들의 이해관계와 맞물려 있어 그 해법을 찾기 쉽지 않지만, 그렇다고 그들에게 맡겨놓고 뒷짐만 지고 있어서는 100년 이후까지도 해결되기 쉽지 않다. 이제야말로 대한민국이 주도적으로 나서서 남북문제를 해결해 나가는 묘수를 찾아야만 한다. 이 당면 과제의 해법을 찾지 못한다면 대한민국의 경제력도 제자리걸음만 할 뿐 발전 가능성이 크게 보이지 않는다. 미국의 사드기지 문제로 중국과의 무역장벽이 오래도록 풀리지 않은 것도 비근한 예로 들 수 있을 것이다. 남북분단으로 인한 경제제재는 핵문제로 무역거래를 전면 봉쇄당하고 있는 북한에만 가해지는 것이 아니라, 군사 문제로 인하여 대한민국도 간접적으로 영향을 받고 있음을 직시하지 않을 수 없다.

　그러므로 대한민국의 미래 대통령은 각 분야의 지혜를 모아 남북분단의 벽을 뚫는, 일석이조의 신경제 구상을 추구하는 결단력을 보여주어야만 한다. 개성공단, 남북철도 연결 문제를 포함하여 다각적인 전략이 요구된다. 한국문명교류연구소 정수일 소장은 실크로드의 동단을 신라의 고도 경주로 보고 있다. 5세기 신라시대 왕릉에서 다수의 로만글라스가 발견되었기 때문이다. 당시 로마 등 지중해를 둘러싼 유럽과 교역이 이루어졌다는 증거다. 따라서 철도를 통해 한반도와 유럽을 잇는 새로운 시대의 물류혁명을 한국이 주도해나갈 필요가 있다. 대한민국이 옛 초원로 지역을 무역열차로 달리는 '신실크로드 시대'를 열어가야 한다. 남북철도만 연결되면 한반도의 항구들은 태평양 연안 각 나라들의 물류기지로 탈바꿈할 것이다. 현재 대한민국에서 간척사업을 한 후 놀려두고 있는 서산간척지나 군산 지역의 새만금간척지는 많은 나라의 컨테이너들이 집적되는 물류기지가 되어 바야흐로 한반도가 세계 물류 시장을 주도해 나가는 중심국가로 우뚝 설 수 있게 될 것이다. 따라서 만약 이렇게만 된다면 남북한은 물류의 정거장 역할만으로도 물류기지 사용비와 철도 비용을 거두어들일 수가 있어 앉아서 경제력을 키워나가는 국가로 변모하게 된다. 그리고 한반도가 물류중심의 나라로 변모하게 되면 자연적으로 국방문제도 해결할 수 있다. 세계 여러 나라의 물류가 집적되어 있는 땅에는 그 어떤 나라도 포사격을 가하지 못한다. 물류기지가 방어 무기가 되는 것이다. 한반도에 물류의 미래가 열리길 간절히 희망하는 것은 바로 그 이유 때문이기도 하다.